モヤモヤした自分を**解消**

自己分析＆
心理テスト

榎本博明 著

はじめに──就活やキャリアアップに成功する秘訣

　就活では、エントリーシートでも面接でも自己分析の成果が問われるということで、就活セミナーや就活本で自己分析がもてはやされるようになりました。就活を突破するには、まずは自分を知ることが大切だといわれています。

　就活だけではありません。今や会社に自分のキャリアをお任せにできる時代ではなく、自分のキャリアをどう築いていくかを個人が考え、自分なりの展望をもって知識やスキルを身につけ、経験を積み、必要に応じて資格を取得するなどして、キャリア開発をしていかなければなりません。そうしたキャリアアップに際しても、自分の強みや価値観を知ることが重要な意味をもつため、自己分析は不可欠なものとなっています。

　自分の個性を活かし、納得のいくようなキャリアをつくっていくために、自己分析が必要なのは言うまでもありませんが、さらに気をつけなければならないのは、自己分析の道具の使い方、得られたデータの活かし方です。

　自分のことがよくわからないという人が増えてきました。本文でも解説していますが、アイデンティティ拡散の蔓延ということです。「自分がどんな職業に適しているのかがわからない」「自分が何に向いているのかわからない」というのは、昔からよくありましたが、それに加えて最近では、「自分が何をしたいのかわからない」「自分が何を求めているのかさえわからない」という声をよく耳にするようになりました。適性がわからないだけでなく、

自分自身の欲求や価値観すらわからないのです。そんな時代だからこそ、しっかりと自己分析をしておく必要があるのです。

ただし、いくら自己分析をしたところで、完全に「自分がわかる」ということはありませんし、「自分の適職がわかる」ということもありません。自己分析テストや適性テストを受けて、「自分はこんなタイプなんだ」「自分に向くのはこんな職業なんだ」と安易に考えるようでは、自己分析を活かしているとはいえません。私自身、自己分析の専門家であり、カウンセリングによって迷いを抱える人々が自分の行くべき方向性を模索するお手伝いをしたり、適性テストや自己分析テストを数多く開発してきましたが、自己分析ツールの役目は、答えを与えることではないのです。それらは本人が自分を振り返るきっかけを与えたり、自分の隠された才能に気づくための刺激を与えたりするものなのです。

本書は、自分の隠された才能に気づくという自己分析の本来の目的のための自己分析ツールです。自分の欲求や価値観、強みや適性などを含めて、自分自身で気づいていない自分の一面に気づいてもらう。それが本書の目的です。

就活やキャリア形成に備えて自己分析をしようということで、「さあ、自分を見つめよう」「じっくり自分を振り返ってみよう」などといわれても、どこをどう見つめるのか、じっくり何を振り返るのかがわからない。その指針を与えるのが自己分析・心理テストです。答えを与えるのではなく、自分を見つめ、これまでの自分をじっくり振り返るきっかけとなる刺激を与えるのが、本書の目的なのです。そのつもりで、各章の自己分析テストに取り組んでいただきたいと思います。

目　次

はじめに………ⅰ

CHAPTER 1
自分がわからない人や根拠のない自信に振り回される人が増えている……… 1
——心の中に潜むモラトリアム心理や誇大自己を探る

CHAPTER 2
あなたのコミュニケーション能力の強みと弱みを探る…… 15
——仕事力の基本はやっぱりコミュニケーション能力

CHAPTER 3
自分の適職を探る……… 33
——あなたの職業興味から適職を知る

CHAPTER 4
自分の居場所と思える仕事を探る……… 47
——あなたのキャリア・アンカーから適職を知る

CHAPTER 5
自分の自己コントロール力を8つの要素で知る……… 61
——優秀人材の選抜で重視される社会的知性（1）

CHAPTER 6
自分の人間関係能力を8つの要素で知る……… 77
——優秀人材の選抜で重視される社会的知性（2）

CHAPTER 7
自分が生きる社会への態度を6つの要素で知る……… 91
——優秀人材の選抜で重視される社会的知性（3）

CHAPTER 8
自分の健康性を8つの要素で知る……… 103
——優秀人材の選抜で重視される社会的知性（4）

CHAPTER 9
エゴグラムを使ってあなたの対人関係の特徴を探る……… 117
——職場の人間関係や顧客との良い関係のつくり方

CHAPTER 10
あなたの心の中に潜む価値観を探る…………………………… 131
——自分の価値観に合わない仕事は続かない

CHAPTER 11
あなたの職業価値観を探る……………………………………… 147
——仕事に求めるものの優先順位をはっきりさせる

CHAPTER 12
あなたのストレス度をチェックする…………………………… 163
——心の元気がないと建設的な判断ができない

CHAPTER 13
あなたのストレス行動をチェックする………………………… 175
——高速社会に振り回されずに自分のペースをつくろう

CHAPTER 14
あなたのストレスマネジメント力をチェックする………… 189
——ストレスにどう打ち勝つかがビジネス・ライフの成否を分ける

CHAPTER 15
CISであなたのキャリア・アイデンティティを
チェックする……………………………………………………… 207
——キャリア意識の成熟度が就活・転職、キャリアアップの
成否を分ける

あとがき………223

CHAPTER 1

自分がわからない人や根拠のない自信に振り回される人が増えている

心の中に潜むモラトリアム心理や誇大自己を探る

CHAPTER 01 自分がわからない人や根拠のない自信に振り回される人が増えている

フリーターやニート、あるいは早期離職の増加が問題になっていますが、その背後にあるのがモラトリアム心理の蔓延です。

モラトリアム心理の蔓延

最近、「就職するという実感がわかない」「仕事をしている自分をイメージできない」といった声をよく耳にするようになりました。実際、就職して社会に出て行く覚悟ができずに留年したり、とりあえずは卒業しても定職に就かずに派遣社員やアルバイターとして仮の職に就くといった形態を選ぶ者が増えています。

もちろん、フリーターやニート、あるいは早期離職の増加の背景として、若者の就業を妨げる雇用情勢といった社会構造上の問題があるのも事実です。正社員を少なくして安い労働力に頼りコスト削減を図ろうという企業側の事情や、機械化・コンピュータ化により人手を必要としなくなり単純労働が大幅に減ってきたことの影響も無視できません。

しかし、そうした要因以上に、現代社会に蔓延するモラトリアム心理の影響が大きいと言わざるを得ません。

多くの現代人の心の中には、「今の自分は仮の姿にすぎない」「今の生き方は自分らしくない」「もっと自分に向いた生き方があるはず」といった思いが潜んでいます。

仕事に関しても、「こんな仕事を一生するつもりはない」「もっと自分に適した仕事があるはずだ」といった思いを抱えています。だから、目の前の仕事に打ち込むことができない。その仕事に自

分を賭けるということができないのです。

　こうしたモラトリアム心理をもつのは、なにもフリーター・ニートや早期離職の若者に限りません。ふつうに正社員として働いている人たちの心の中にも、ここにあげたような心理は見え隠れします。定職に就いたからといって、「これが自分の生きる道」などと覚悟を決めている者のほうが圧倒的に少数派です。「もっとやりがいのある仕事をしたい」「いつかもっと自分に向いた仕事に出会えるはず」といった思いをどこかに抱えながら、毎日の仕事に追われているといった感じです。それが多くの働く人たちの実情ではないでしょうか。

　では、ここであなたの心の中に潜んでいるかもしれないモラトリアム心理を探ってみることにしよう。

CHAPTER 01
自分がわからない人や根拠のない自信に振り回される人が増えている

モラトリアム心理テスト

以下の各項目について、自分にあてはまる程度を1～5の数字で答えてください。数字は項目番号の前の（ ）の中に記入しましょう。基準はつぎのとおりです。

1………あてはまらない
2………あまりあてはまらない
3………どちらともいえない
4………ややあてはまる
5………あてはまる

( ) ① 今の会社（学校）に入ってからも、ほんとうにこれで良かったのかと悩むことがある
( ) ② 自分は今の仕事（専攻している学科）に全力を投入している
( ) ③ 職場（学校）の人たちとは、とくに親しくなろうとは思わない
( ) ④ 職場（学校）が自分の居場所という感じがしない
( ) ⑤「自分とは何か」という問いに、自分なりの答えをとりあえずはもっている
( ) ⑥ 自分はこんなところにいる人間じゃないと思うことがある
( ) ⑦ 自分がどういう人間なのか、どうもまだつかみきれない
( ) ⑧ 社会のために働くなどというのは欺瞞だと思う
( ) ⑨ 競争とは無縁の世界で生きたいと思う

(　　) ⑩ 社会において自分が果たすべき役割について考えることがある

(　　) ⑪ 社会的な問題には、あまり関心がない
(　　) ⑫ 社会の一員として、社会に少しでも貢献したいと思う
(　　) ⑬ 自分の可能性を限定するような生き方はしたくない
(　　) ⑭ 今の自分の立場は、自分自身で望んで得たものだ
(　　) ⑮ 責任のある地位や役割を引き受けるのは、できるだけ避けたい
(　　) ⑯ 何をしても充実感を味わうことができない
(　　) ⑰ なりたい自分というのを明確にイメージすることができない
(　　) ⑱ 5年先、10年先の自分を想像することなどできない
(　　) ⑲ 今していることは、自分の将来につながっていると思う
(　　) ⑳ ある程度の将来展望はもっている

CHAPTER 01
自分がわからない人や根拠のない自信に振り回される人が増えている

採点表

回答＼設問	①	②	③	④	⑤	⑥	⑦	⑧	⑨	⑩
1	1	5	1	1	5	1	1	1	1	5
2	2	4	2	2	4	2	2	2	2	4
3	3	3	3	3	3	3	3	3	3	3
4	4	2	4	4	2	4	4	4	4	2
5	5	1	5	5	1	5	5	5	5	1

回答＼設問	⑪	⑫	⑬	⑭	⑮	⑯	⑰	⑱	⑲	⑳
1	1	5	1	5	1	1	1	1	5	5
2	2	4	2	4	2	2	2	2	4	4
3	3	3	3	3	3	3	3	3	3	3
4	4	2	4	2	4	4	4	4	2	2
5	5	1	5	1	5	5	5	5	1	1

①から⑳までの得点を合計すると100点満点の得点が出ます。これがモラトリアム得点です。あなたのモラトリアム得点は何点になりましたか。

①〜⑳の合計点　＝　モラトリアム得点

60点未満…………非モラトリアム人間
60〜89点………モラトリアム人間
90点以上…………高度モラトリアム人間

モラトリアム心理とは

　モラトリアム心理の特徴は、一言でいえば「まだ大人になりたくない」ということです。大人になるということは、現実に根を下ろし、何らかの社会的役割を引き受けることです。その覚悟がまだできない。自由な立場を失いたくない。そこには、もっと自由に遊んでいたいという心理があります。この場合の「遊ぶ」というのは、モラトリアムという経済学用語を心理学に転用した心理学者エリクソンの言う「社会的遊び」の意味が含まれます。

　「社会的遊び」とは、いろいろな社会的役割を試してみることで、服を買うときの試着のようなものです。服を買うとき、大きさがフィットするか、デザインが自分に合うか、着心地はどうかなど、いくつか試着してみてから決めるのがふつうです。仕事も同じです。いきなりひとつの職業に決めてしまうのは、試着なしに服を買ってしまうようなものです。家に持ち帰って実際に着てみると、大きさが合わなかったり、デザインが自分に合わなかったり、着心地の悪さが気になったりするかもしれません。同様に、やってみて自分に合わない仕事だとわかる場合もあるのです。ゆえに、アルバイトやインターンシップでいろいろな仕事を試してみるのがお勧めです。

　そのような社会的遊びを通して自分にピッタリの仕事を見つけるというのなら非常に有意義なモラトリアムの過ごし方といえますが、モラトリアムから抜け出すことをせずに、ずっとアルバイト生活を続け、定職に就かない若者も増えています。

CHAPTER 01 自分がわからない人や根拠のない自信に振り回される人が増えている

「一刻も早く抜け出したい不自由な時期」から「いつまでも抜け出したくない自由で居心地の良い時期」へ

　モラトリアムとは猶予期間という意味です。昨日まで子どもだったのに、20歳になって年齢的に成人したからといって、いきなり精神的にも大人になり社会的にも大人の役割を担うというのは難しいことです。そこで、青年期というモラトリアムを設け、大人になるための準備期間としたのです。

　現代はモラトリアム人間の時代だという精神分析学者小此木啓吾氏は、現代のモラトリアムは本来のモラトリアムとは違ってきたと指摘し、古典的モラトリアムと現代的モラトリアムを対比しています。

　古典的モラトリアムというのは、まだ大人じゃないということで義務や責任を免除される代わりに権利もなく、一人前になるための修行の時期をさします。

　これが本来のモラトリアムです。半人前扱いで、発言権もないために、一刻も早く抜け出したい不自由な状況ということです。それが「早く大人になりたい」という気持ちを生むのです。

　それに対して現代的モラトリアムというのは、義務や責任を免除されていながら権利はあるという夢のような時期をさします。自由気ままに過ごせるため、いつまでも抜け出したくない居心地の良い状況ということになります。モラトリアムがこのような居心地の良いものに変質したため、敢えてそこを抜け出して大人になろうという若者がめっきり少なくなったのです。

モラトリアムのもつ意味が変わった理由は？

　モラトリアムが、不自由で早く抜け出したい時期から、いつまでも抜け出したくない自由で居心地の良い時期に変質したことの背景に、つぎのような社会的要因があります。

①豊かな社会
　定職に就かなくても、アルバイトをすれば何とか暮らしていけるようになった。

②自由な社会
　価値観が多様化し、多様な生き方が認められるようになり、成人しながら定職に就かなくても、結婚をしなくても、「いい年をして………」などと後ろ指をさされることもなくなった。

③変動の激しい社会
　科学技術の絶え間ない進歩がライフスタイルや産業構造をつぎつぎに変えていくため、先が読めず、職業や生き方を定めるのが困難になってきた。それと同時に、古い伝統よりも新しい技術やライフスタイルのほうが価値をもつようになり、若者が引け目を感じにくくなった。

良いモラトリアム心理、悪いモラトリアム心理

　モラトリアム心理が世の中に蔓延してきたといわれるとき、モラトリアム心理という言葉には「望ましくないもの」といった意味合いが強く感じられます。しかし、モラトリアム心理には望ましい側面もあります。

CHAPTER 01
自分がわからない人や根拠のない自信に振り回される人が増えている

　悪いモラトリアム心理としては、いつまでも社会的責任を引き受けようとせずに、身軽なまま勝手気ままに暮らしていこうという、無責任で自己中心的な心理があります。社会人としての義務を果たさずに自己主張だけ一人前にするといった身勝手さも、悪いモラトリアム心理のあらわれといえます。

　良いモラトリアム心理としては、まず第一に、世俗にまみれず、純粋さを失わない点があげられます。利害で動く世俗的な現実に巻き込まれることなく、自分の信念に従って美しく生きようとする夏目漱石の描く大人にならない青年は、まさにモラトリアム心理を代表しているといえます。

　良いモラトリアム心理として、もうひとつ、変動の激しい社会に適応しやすいということがあります。「これが自分の生きる道」と定め、他の可能性を切り捨てて「この道ひと筋」といった感じになると、社会が変動し、勤めている会社が潰れたり、業態が変わったり、リストラされたとき、別の生き方に切り替えるのが難しくなります。「今の自分は仮の姿」「この仕事をずっとやっていくつもりはない」といったスタンスであれば、状況の変化に対してもパニックに陥ることなく、柔軟に対応することができるはずです。

心理テストに基づく診断

非モラトリアム人間

　現実に根を下ろしているタイプです。

　「自分とは何か」といった問いに対して、納得のいく回答をもっている人などほとんどいません。「自分は何をすべき人間なのか」「自分は何をするためにこの世に生まれてきたのか」など、そう簡単にわかるものではありません。

　しかし、このタイプは、「これをしていると充実した気分になる」「自分はこういうことは比較的好きだ」「自分はこういうことは得意なほうだ」というようなことを実感として知っています。「こんな生き方をしたい」「こんな将来になったらいいな」といった将来像も漠然とであってももっています。

　社会にも目を向け、現実をしっかり見つめているため、必ずしも理想どおりとはいえない自分の現状を受け入れることができており、目の前の仕事にもそれなりに一所懸命取り組むことができます。

　ただし、このタイプが気をつけなければならないのは、柔軟性を失わないようにするということです。社会はますます流動性を増しています。終身雇用は崩れ、企業の盛衰も激しく、新興企業がつぎつぎに登場すると同時に倒産する企業も後を絶ちません。リストラも転職も珍しくない時代になりました。そうなると、自分がこの仕事を生涯続けようと思ったところで、会社の側の都合で、いつ人生の転換を求められることになるかわかりません。そ

こで求められるのが、環境の変化に柔軟に対応できる能力です。あまりに凝り固まってしまわないように、いろいろなことに関心を向けるようにしましょう。

モラトリアム人間

モラトリアム心理が抜けないタイプです。

「自分はこんな生き方をしたい」「このような場が自分は好きだ」といったイメージをもつことができず、どうしたら自分らしい人生にすることができるかがわからないため、就職などの自己決定を先延ばしにしがちです。

「まだ、大人になりたくない」という気持ちがどこかにあり、学生の場合は、就活に本気で取り組むことができずに留年したり、大学院進学や留学を希望するケースもあります。いつまでも逃げられないということで卒業するにしても、「ほんとうに自分がやりたいことがまだはっきりしない」ということを理由に、フリーターとして身軽な立場を維持し、社会に組み込まれることに抵抗を示したりします。

留年者やフリーターばかりでなく、現代では定職に就いた人間の中にも多数のモラトリアム人間が含まれます。とりあえずは就職したけれども、「この会社が自分の居場所だ」といった思いはなく、職場の人たちとの人間関係にも淡泊で、「こんなところにずっといる自分じゃない」といった思いを抱えており、自分にもっと適した職場や仕事があるはずと思っているタイプです。できる限り身軽でいたいため、義務や責任を背負い込まないように腐心します。

このタイプが気をつけなければならないのは、「今の自分は仮

の姿だ」といった思いがあるために、目の前の仕事や勉強に本気で取り組むことができず、充実とはほど遠い毎日になってしまいがちなところです。まずは本気で何かに取り組むことをしないと、いつまでたっても自分は見えてきません。モラトリアム気分で過ごしているうちに定年を迎えるなどということにもなりかねません。とりあえず目の前のやるべきことに本気で取り組んでみましょう。

高度モラトリアム人間

　モラトリアム人間をさらに極端にしたイメージで、浮き草のようにフラフラと漂流しているタイプです。

　社会に組み込まれたくないといった思いが非常に強く、定職に就くことに対して強い抵抗を示します。留年する学生の中には、成績が悪くて留年するのではなく、モラトリアム心理が強いために留年する者が含まれます。大学院に進学する者の中にも、研究したいからではなく社会に出たくないという動機で進学する者も少なくありません。

　就職した者の中にもこのタイプは交じっており、「いつかこんなところから脱したい」という気持ちが強く、仕事とも組織とも距離を置きます。職場の人間関係にどっぷり浸かることを極度に嫌い、仕事も淡々とこなします。

　自分が何をしたいのかがまだわからないから、可能性を閉ざすようなことはしたくない。そのためには、目の前の仕事に必要以上に巻き込まれないようにしながら、あらゆる方面にアンテナを張り巡らせ、自分にピッタリの仕事や生き方を探し続ける。そんな感じです。

CHAPTER 01
自分がわからない人や根拠のない自信に振り回される人が増えている

　一般のモラトリアム人間と同様に、何事にも本気で打ち込めないところが問題となります。自分が何が得意で何が苦手か、どんな職種に適性があり、どんな仕事なら力を発揮できそうかといったことは、目の前の仕事に本気で取り組まない限りハッキリしません。中途半端な姿勢では、自分の限界を知らされる経験もできないし、思いがけない適性を発見するチャンスも得られません。

　自分の可能性を狭めないため、目の前の仕事に巻き込まれないようにするといった姿勢が、じつは何事にも集中できず、勤勉になれないことの言い訳になっていないか、ちょっと振り返ってみましょう。

　自分の可能性を捨てる必要はありませんし、多方面に関心を持ち続けるのも悪くはありませんが、自分らしい人生にしていくには、その都度目の前のやるべきことに一所懸命取り組むという姿勢も必要です。

CHAPTER 2

あなたのコミュニケーション能力の強みと弱みを探る

仕事力の基本はやっぱりコミュニケーション能力

CHAPTER 02 あなたのコミュニケーション能力の強みと弱みを探る

> 企業が人を採用する際に最も重視するのがコミュニケーション能力です。その理由は2つあります。

コミュニケーションが苦手な人が増えた

　企業がコミュニケーション能力を重視する理由として、第1に、コミュニケーションが苦手な人が増えてきたということがあります。コミュニケーション・ギャップから気持ちのスレ違いや誤解が生じたとき、しっかりコミュニケーションをとってわかり合おうとせずに、諦める風潮があります。キレたり、総務に訴えたりするのも、コミュニケーション能力の欠如のあらわれといえます。

　これには、自動販売機や自動改札に象徴されるように、私たちの生活のあらゆる局面で機械が人間の仕事を代行するようになって、人とのコミュニケーションの機会が乏しくなっているといった社会的背景が関係しています。さらには、近所の遊び集団がなくなり、とくに気の合う数人の同級生でコンピュータ・ゲームで遊ぶという、遊び形態の変化も関係しています。このような時代ゆえに、コミュニケーション能力が鍛えられないままに大きくなる者が増えてきたのです。

　就職にあたって、よく知らない人と会うのは気疲れするからデスクワークがいいという者や、コンピュータに向かう仕事ならよいけど営業とか人間相手の仕事は無理という者が増えているのも、コミュニケーション能力が育っていないためといえます。

モノの充足より心の充足が求められるようになった

　企業がコミュニケーション能力を重視する理由として、第2に、製造業中心の時代からサービス業中心の時代へ移行したことに象徴されるように、モノの充足よりも心の充足が重視されるようになったということがあります。モノが不足していた時代には、世の中に欠けているモノ、みんなが欲しがるモノを作れば売れました。ところが、今や必要なモノは行き渡り、むしろ不必要にモノが溢れかえって欲しいモノがないという時代になりました。

　そこで力を発揮するのがコミュニケーション能力です。モノより心の充足が求められるようになって、「この人から買いたい」「この人に頼みたい」というように、気持ちがつながることでビジネスが成立するといった要素が強まってきたのです。

　こうした社会的な事情により、コミュニケーション能力がとくに求められるのに、コミュニケーション能力が十分に育っていない人たちが多い時代になったのです。多くの人たちが、自分のコミュニケーション能力に不安を感じています。話し方教室が流行り、対話力や傾聴力に関する自己啓発本が売れるのも、自分のコミュニケーション能力に自信がなく、何とかそれを向上させたいという人たちが多いことの証拠です。

　では、あなたのコミュニケーション能力はどうなっているでしょうか。コミュニケーション力テストで、あなたのコミュニケーション能力の特徴をチェックしてみましょう。

CHAPTER 02

あなたのコミュニケーション能力の強みと弱みを探る

コミュニケーション力テスト

以下の各項目について、自分にあてはまる程度を1〜5の数字で答えてください。数字は項目番号の前の（ ）の中に記入しましょう。基準はつぎのとおりです。

1………あてはまらない
2………あまりあてはまらない
3………どちらともいえない
4………ややあてはまる
5………あてはまる

( ) ① 初対面の人と話すときはとても緊張する
( ) ② 自分のことはあまり人に話さない
( ) ③ 理屈では人に負けない自信がある
( ) ④ 表情豊かに話すほうだ
( ) ⑤ 愚痴の聞き役になることが多い
( ) ⑥ 人の気持ちに敏感なほうだ

( ) ⑦ 人に遠慮しすぎて親しくなりにくい
( ) ⑧ 自分の思うことは率直に伝えるほうだ
( ) ⑨ 自分の考えをわかりやすく説明するのが苦手だ
( ) ⑩ 人の気持ちを惹きつけるしゃべりができる
( ) ⑪ 人から悩みごとを相談されることが多い
( ) ⑫ 人は何を考えているのかよくわからないと思う

(　　) ⑬ 雑談が苦手で、何を喋ったらよいのかわからなくなる
(　　) ⑭ 自分をさらけ出してつきあうほうだ
(　　) ⑮ 自分の意見ははっきりと主張するほうだ
(　　) ⑯ 声に感情がこもらず淡々と話すほうだ
(　　) ⑰ 人の話にじっくりつきあうほうだ
(　　) ⑱ 周囲の人の様子によく気がつくほうだ

(　　) ⑲ 初めての場でもすぐに溶け込める
(　　) ⑳ プライベートなことはあまり話したくない
(　　) ㉑ 何を言いたいのかわからないと言われることがある
(　　) ㉒ 気持ちを相手に伝えるというのがどうも苦手だ
(　　) ㉓ 人の話をじっと聞くのが苦手でイライラしてしまう
(　　) ㉔ 人の考えていることがわりと読めるほうだ

CHAPTER 02
あなたのコミュニケーション能力の強みと弱みを探る

採点表

回答＼設問	①	②	③	④	⑤	⑥
1	5	5	1	1	1	1
2	4	4	2	2	2	2
3	3	3	3	3	3	3
4	2	2	4	4	4	4
5	1	1	5	5	5	5

回答＼設問	⑦	⑧	⑨	⑩	⑪	⑫
1	5	1	5	1	1	5
2	4	2	4	2	2	4
3	3	3	3	3	3	3
4	2	4	2	4	2	4
5	1	5	1	5	5	1

回答＼設問	⑬	⑭	⑮	⑯	⑰	⑱
1	5	1	1	5	1	1
2	4	2	2	4	2	2
3	3	3	3	3	3	3
4	2	4	4	2	4	4
5	1	5	5	1	5	5

回答＼設問	⑲	⑳	㉑	㉒	㉓	㉔
1	1	5	5	5	5	1
2	2	4	4	4	4	2
3	3	3	3	3	3	3
4	4	2	2	2	2	4
5	5	1	1	1	1	5

つぎの式に当てはめて、あなたの6つのコミュニケーション力得点を計算しましょう。

①+⑦+⑬+⑲ ＝ [　　　　]……社交性得点

②+⑧+⑭+⑳ ＝ [　　　　]……自己開示性得点

③+⑨+⑮+㉑ ＝ [　　　　]……論理的主張力得点

④+⑩+⑯+㉒ ＝ [　　　　]……感情表現力得点

⑤+⑪+⑰+㉓ ＝ [　　　　]……傾聴力得点

⑥+⑫+⑱+㉔ ＝ [　　　　]……他者理解力得点

CHAPTER 02 あなたのコミュニケーション能力の強みと弱みを探る

前ページの得点をグラフ化してみましょう。

コミュニケーション力診断グラフ

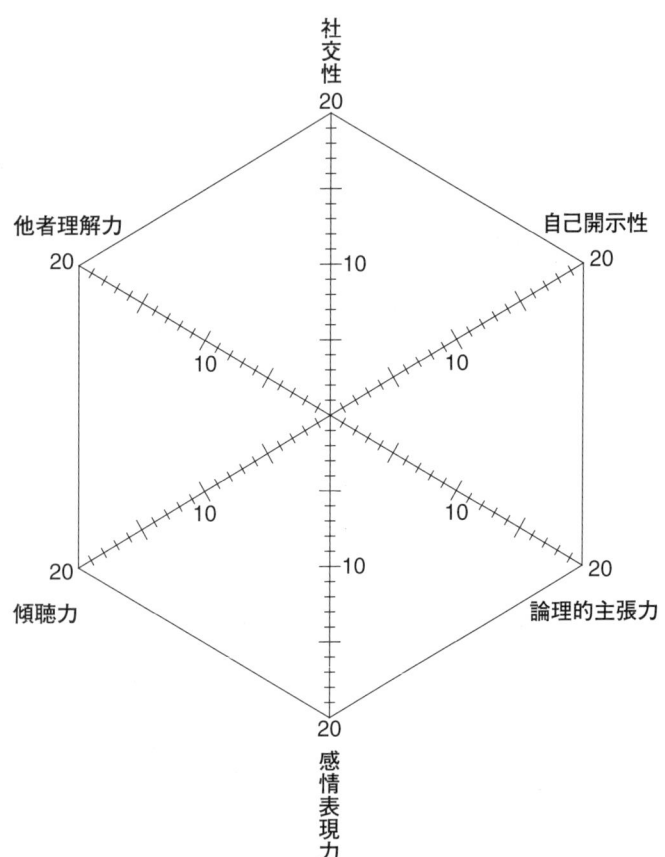

ビジネスの場で求められるコミュニケーション力の中でも最も重要なものが、対人的開放性と説得力、そしてサポート力です。ここでは、それぞれを2つのコミュニケーション能力に分けて測定しています。

対人的開放性にも2種類がある

　対人的開放性とは、人に対して積極的に関わろうとする性質です。人に対して開放的な人というと、どんな人をイメージするでしょうか。

　よく知らない人たちの中にいても気後れすることなく、自分から声を掛けて周囲に溶け込む社交的な人を思い浮かべる人もいるでしょう。自分のことを何でも包み隠さず話す人をイメージする人もいるでしょう。

　でも、初対面の人ともすぐに親しく話せるようになる社交的な人が、必ずしも自分のことを素直に話すというわけではありません。いつも話の輪の中心にいて、話題が豊富で、いろんな話題を持ち出しては面白おかしく話す人であっても、自分自身のことはほとんど話さないため、改めて考えてみると得体の知れないところがあるということがあります。何を考えているのか、どんな過去を背負っていて今はどんな生活をしているのかがよくわからない。社交的ではあっても、自己開示しないタイプといえます。

　一方、自分を隠すということがなく、いつもホンネで人と接する人なのに、社交的でない人もいます。思っていること、考えていることを率直に話してくれるため、安心してつきあうことができ、そのままの人といった感じです。その意味では、非常に開放的です。

でも、初対面の人の前では極度に緊張してあまりしゃべれないし、口下手で面白おかしく話すということもありません。自己開示性は高くても、社交が苦手なタイプといえます。

① 社交性

　社交性とは、初対面の人や顔見知り程度の慣れない相手に対しても気後れすることなく、その場にふさわしい会話ができる性質です。

　16点以上の人は社交性の高い人、8点以下の人は社交性の低い人、9点以上16点未満の人は平均並みの人といえます。

　社交性の高い人は、新たな環境にすぐに馴染むことができます。ずっと前からそこにいたかのように、自由に振る舞うことができます。一方、社交性の低い人は、新たな環境に慣れるのに時間がかかります。慣れない場では、どう振る舞ったらよいのかわからず、ガチガチに緊張して自由に振る舞えません。

　小学校や中学校、高校時代を振り返ってみてください。進学して周りが知らない子だらけになったときとか、学年が変わってクラス替えで慣れ親しんだ友だちとバラバラになってしまったとき、最初のうちは緊張してなかなか友だちができなかったという人は、社交性の低いタイプといえます。進学しても、クラス替えがあっても、それほど緊張しなかったし、すぐに友だちもできたという人は、社交性の高い人といえます。

　社交性の低い人の悩みのタネは、雑談が苦手なことです。雑談というのは、とくに話す必要のない話、とりとめのない話です。社交性の低い人でも、伝達すべき事項、説明すべき事柄、書類の説明など、話す必要のあることはふつうに話すことができます。

必要なことをすべて話し終わった後が、恐怖の時間となるのです。極度に社交性の低い人の場合、仕事時間中はよいのだけど、休み時間が困ると言います。雑談として何を話したらよいのかがわからない。「何か話さないと」という思いばかりが膨れあがって、トイレに逃げ込むという人もいます。

社交性の低い人が、雑学本でネタを仕込んで話し上手を目指すという涙ぐましい努力をしている姿も見かけますが、どうにもぎこちないものです。そんな不自然な道を選ぶよりも、傾聴力を高めることで聴き上手を目指すほうが現実的です。傾聴性については、後の項目を参照してください。

② 自己開示性

自己開示性とは、率直に自分をさらけ出す性質のことです。

16点以上の人は自己開示性の高い人、8点以下の人は自己開示性の低い人、9点以上16点未満の人は平均並みの人といえます。

自己開示性の高い人は、自分を隠すことなく常にホンネで人と接するので、安心してつきあえます。一方、自己開示性の低い人は、自己防衛的に身構えており、自分を率直にさらけ出さないため、得体の知れないところがあります。

自己開示性の高い人は、その率直さが好感を与えることが多いものの、何事も行きすぎは禁物です。相手との関係がまだ深まっていないうちからプライベートなことを話しすぎる人は、場の空気を読む余裕のない情緒不安定な人にみられます。感情を剥き出しにして腹の立つことや不安なことをよく口にする人も、自分の中に留めておけない情緒不安定な人といった印象になります。自

己開示は、徐々に深めること、そして一方的に自己開示するのは避けることが原則です。自分ばかりが自己開示して、相手が自己開示してこないというようなときは、あまりアンバランスにならないように多少自己開示を控えることも必要です。

　自己開示性の低い人は、人間というものをあまり信頼していないところがあります。人を信用していないため、自分のことを話したくないのです。プライベートな情報を与えて別の場で漏らされたらイヤだ、自分の思いを人に話したって何も変わらないし意味がないというように、ホンネのコミュニケーションに価値を感じていないため、自己開示し合う関係になりにくいのです。根の深いコンプレックスを抱えているため、自分のホンネを隠す習性を身につけたといったタイプもいます。そのような習性が身についているため、だれと話すときも浅い話に終始しつつ、どこかでホンネで話せる相手を求めているという人もいます。カウンセリングの流行の背景として、ホンネをさらけ出せる人間関係を身近にもっていない人が増えてきたということがあります。

説得力には2つの側面がある

　人を説得するには、論点を明確にして、わかりやすく説明する必要があります。何を言いたいのかわからないというように、話の焦点がぼやけた話し方では、説得力がありません。論旨明快で、理に適った説明をされると、「なるほど」と納得できます。説得力の基本は、論理の流れをわかりやすくするために話を単純化することです。

　一方で、人間は理屈でなく気持ちで動くといった側面もありま

す。いくら理屈が正しくても、イヤな相手の言うことに素直に従いたくないというのが私たちのごく自然な心理です。反対に、良好な関係が築かれていれば、多少理屈に合わない話であっても、「まあ、いいか」と受け入れることがあります。

　このように、説得力には論理面と情緒面の２面性があり、自分の言うことに説得力をもたせたいと思ったら、その両面から攻めていくことが必要です。

　データだけを問題にしたらライバル社のほうが優位に立っていて、とても勝ち目がないと思うのに、なぜかうまく商談をまとめてくるという人がいます。そういう人は、気持ちをつなぐコミュニケーションができているのです。日頃から気持ちをつなぐコミュニケーションができていれば、相手は多少の無理はきいてくれるものです。

　ここでは、説得力を論理的主張力と感情表現力の２つの側面からとらえています。

③ 論理的主張力

　論理的主張力とは、自分の考えを理路整然と表現し、相手に理屈を伝える力のことです。

　16点以上の人は論理的主張力の高い人、8点以下の人は論理的主張力の低い人、9点以上16点未満の人は平均並みの人といえます。

　「私はこうしたほうがよいと思います。その理由は３つあります。第１の理由は……」のように、言いたいことがハッキリしていて、理路整然と説明されると、「なるほど」と思えます。反対に、「私は前はこうしたほうがよいと思っていました。でも、最近い

ろいろな情報を耳にして考えが変わりました。もちろんどうしたらよいかは一概にいえるものではありません。事業拡大で成功するケースもあれば、失敗するケースもあります……」のように、話があちこちに飛び、何を言いたいのかわからない人がいます。そういう人が声を大にして何を言っても、まったく説得力がありません。

自分の思っていることをできるだけ正確に話そうと思うと、後者の例のように、「あれも話さないと」「これも言わないと」となり、事情を詳しく話すことになります。でも、自分の思うことを詳しく話すことと、相手にとってわかりやすく話すということは、まったく別次元のことです。

説得的コミュニケーションの目的は、言いたいことを相手にわかってもらうことです。そのためには、すべて話そうとするのではなく、話を単純化するのが効果的です。自分が直接経験していないことを理解するというのは、けっこう難しいものです。あまりいろんなことが盛り込まれると、話のポイントが何なのかがわかりにくくなります。単純な話ほどわかりやすく、説得力があるのだということを忘れないようにしましょう。

また、結論を先に述べ、それから理由を説明するといった順序も頭に入れておきましょう。相手が何を主張したいのかがはじめにわかっていると、「そうか、こういう意見なんだ。その理由はどういうことなのだろう？」というように、話を整理しながら聴くことができます。

④ 感情表現力

感情表現力とは、自分の気持ちをうまく表現し、相手の気持ち

に訴える力のことです。

　16点以上の人は感情表現力の高い人、8点以下の人は感情表現力の低い人、9点以上16点未満の人は平均並みの人といえます。

　自分は理屈っぽいことが好きで、論理能力は高いはずなのに、なかなか相手を説得することができない。そうしたケースでは、感情表現力がウィークポイントになっているものです。

　口論になって、「ちょっと言い過ぎたかな」と思うとき、「ごめん、ちょっと言い過ぎちゃった」という一言があると、相手の気持ちは和らぎます。これは感情表現力をうまく発揮している例です。いくら自分の言い分のほうが正しいと思っていても、それを強引に主張するばかりだと、相手もムキになるため、なかなか話がまとまりません。

　立場を変えて考えてみましょう。相手の言うことは確かに理屈に合っている。でも、こちらを見下したような、勝ち誇ったような、「こっちの言い分が絶対に正しいのに、わからないのか」と言わんばかりの、あの高飛車な態度が気に入らない。そんな相手に対して、その言い分を受け入れるのには抵抗があるはずです。理屈はわかっても、気持ちがついていかないのです。

　相手を説得するには、理屈で攻めるだけでなく、気持ちをつなげるということがポイントになります。そのためには相手を尊重することが大切です。自分の言い分を通そうとするだけでなく、相手の言い分や立場を理解したいという気持ちをもつことも必要です。相手と気持ちを通い合わせたいという気持ちをもつことです。そうした気持ちを強くもって対応すると、理屈も通りやすくなります。

CHAPTER 02 あなたのコミュニケーション能力の強みと弱みを探る

心地よい心の交流をもつポイントは 相手に関心を向けること

人とうまくやっていける人は、コミュニケーションの場を心地よい心の交流の場にすることができる人です。心地よい心の交流の場になっていれば、「また会って話したい」と思いますが、そうでなければコミュニケーションを避けることになります。

心地よい心の交流をもつためのポイントは、相手に関心を向けることです。現代は、「自己チュー」の時代といわれるように、自分のことしか眼中にない人、自分のことで精一杯な人が世に溢れています。自分の言いたいことをしゃべりまくる人が多いのと裏腹に、人の話にじっくり耳を傾ける人があまりいません。

そんな時代だからこそ、人が関心を向けてくれるのはとても嬉しいものですし、自分の話にじっくりつきあってくれる人は非常にありがたい存在となるのです。「自己チュー」にならずに相手に関心を向けること、そして相手の話にじっくりつきあうこと。それができればコミュニケーションは非常にうまくいくようになるはずです。

⑤ 傾聴力

傾聴力とは、相手の言葉にじっくり耳を傾け、相手の自己開示を引き出す力をさします。

16点以上の人は傾聴力の高い人、8点以下の人は傾聴力の低い人、9点以上16点未満の人は平均並みの人といえます。

だれもがお笑いタレントのようにうけを狙って面白おかしくお喋りをする時代になりました。深刻な話は持ち出さず、みんなで

楽しく盛り上がれる話をしてはしゃぐ。そのような時代になって広がってきたのが、うつとカウンセリングです。

みんなと一緒の場では、まじめな話ができない、暗い面が出せない。悩んでいることがあるのに、みんなの前ではそれが出せず、心の中とは裏腹に楽しくバカ騒ぎをして、家に帰って夜中にひとりになったとき、「自分は何をしてるんだろう」と自己嫌悪に陥り、気分がうつになる。そんな人が増えています。

それと並行して、話にじっくりつきあってもらえる相手が身近にいないために、カウンセリングを受ける人が増えてきました。

このような時代だからこそ、聴き上手の活躍の余地はとても大きいのです。コミュニケーションが得意でないという人には、口下手な人が多いはずです。そのようなタイプが力を発揮できるのが傾聴です。お喋り好きな人はついつい喋りすぎて、周囲の人のフラストレーションを引き起こしがちです。だれでも自分の話を聴いてほしいのです。言いたいことを言うとスッキリします。でも、相手にもスッキリしてもらわないと、相手にとって心地よい心の交流の場になりません。

自分のしゃべりは控えつつ、相手の話に耳を傾け、じっくりつきあう。それができれば、相手にとって非常に心地よい存在になることができます。

⑥ 他者理解力

他者理解力とは、周囲の人に関心をもち、相手の気持ちや考えを汲み取ることができる力をさします。

16点以上の人は他者理解力の高い人、8点以下の人は他者理解力の低い人、9点以上16点未満の人は平均並みの人といえま

CHAPTER 02

あなたのコミュニケーション能力の強みと弱みを探る

す。

　現代は、他人のことなど眼中にないという感じの人、自分のことで精一杯という人が多く、殺風景な世の中になりました。だれもがどこかで淋しさを感じながら暮らしています。こんな時代ゆえに求められるのが、人を気遣い、わかってあげたいと思う心構えです。

　自己チューの人ばかりが目立つ時代だからこそ、自分に関心を向けてくれる人がいれば非常に嬉しい。ゆえに、他者に関心を向けている人は心地よい相手になります。同時に、相手に関心を向け、相手のことが理解できれば、どういう理屈でアピールすれば理解してもらいやすいかがわかります。このように、他者理解力は、気持ちをつなげる情緒面のコミュニケーションにおいても、理屈を伝える論理面のコミュニケーションにおいても、両面で威力を発揮します。

　殺風景なコミュニケーションの世界にしないためにも、相手に馴染みやすい理屈でアピールするためにも、自己チューにならず、他者への関心を絶やさないようにしましょう。

CHAPTER 3

自分の適職を探る

あなたの職業興味から適職を知る

CHAPTER 03 自分の適職を探る

「子どもの頃、あなたは何になりたかったですか? どんな職業に就きたいと思っていましたか?」
自己分析の質問項目の中に、このような問いが入っていることがあります。これは、まさに職業興味をとらえようというものです。自分にどんな職業が向いているかを考える際に、能力面から検討する方法と興味面から検討する方法があります。どちらも重要な視点ですが、モチベーションという点からすると、興味という要因を軽視するわけにはいきません。

自分の興味・価値観に合うかどうかが決め手

たとえば、マネジメントの生みの親といわれるドラッカーは、証券アナリストとして力を発揮し、高収入を得ていましたが、自分がほんとうに関心をもっているのは金でなく人だということに気づき、証券アナリストの仕事を辞めました。自分の価値観に合わない仕事で力を発揮しても、満足にはつながりません。得意なことが必ずしも適職につながるとは限らないのです。いくら得意であっても、あまり興味のない仕事では、やる気も湧いてきません。

反対に、興味のあることに対しては、私たちは実力以上の力を発揮することがあります。モチベーションのなせるわざといってよいでしょう。ふだん勉強などとはまったく無縁だった人が、ある資格を取りたいと思ったとたんに熱心に図書館に通って勉強をするようになるということがあります。学校の勉強にはまったく

関心がなく、本を読まないどころか教科書さえ読むことがなかった学生が、アルバイトが楽しくて仕方がなくなり、アルバイトに活かせる知識やスキルについての自己啓発本を熱心に読んでいるといったケースもあります。

職業選択はパーソナリティの表現である

職業選択にあたって、能力適性、給与等の待遇、勤務時間や休日などの勤務体制などを考慮する必要があるのはいうまでもありません。しかし、自分にとって好きな仕事かどうか、自分のパーソナリティや価値観に合う仕事かどうかということは、最優先して考えるべき条件といえます。

職業選択の際に職業興味を重視すべきと説いたホランドは、職業の選択とはパーソナリティの表現であり、同じような職業に就いている人はパーソナリティが似ていると言います。確かに、教師には教師らしいパーソナリティの人が多く、銀行員の人たちのパーソナリティや福祉施設の人たちのパーソナリティとはかなり違うように思えます。銀行員の人たちのパーソナリティと福祉施設の人たちのパーソナリティも、相互にかなり違っているように感じられます。さらにホランドは、職業興味を調べることは、パーソナリティを調べることに他ならないと言います。

では、あなたはどんな職業興味をもっているのでしょうか。

職業興味テストで、職業選択に影響を及ぼすあなたのパーソナリティをチェックしてみましょう。

CHAPTER 03 自分の適職を探る

職業興味テスト

以下の各項目について、自分にあてはまる程度を1～5の数字で答えてください。数字は項目番号の前の（　）の中に記入しましょう。基準はつぎのとおりです。

1………あてはまらない
2………あまりあてはまらない
3………どちらともいえない
4………ややあてはまる
5………あてはまる

(　) ① ものごとを論理的に考えるのが得意なほうだ
(　) ② 人の相談に乗ったり、アドバイスするのが好きだ
(　) ③ 懇親会とかで人と知り合うのが楽しみだ
(　) ④ 手紙類や書類はきちんと整理している
(　) ⑤ 流行には非常に敏感なほうだ
(　) ⑥ 機械やコンピュータをいじるのが好きだ

(　) ⑦ 専門的な知識や情報を仕入れるためによく本を読む
(　) ⑧ 子どもの相手をするのが好きだ
(　) ⑨ 初対面の人と会うのも苦にならない
(　) ⑩ 細かなところまで注意が行き届き、ケアレスミスは少ないほうだ
(　) ⑪ 常に変化を求めているようなところがある
(　) ⑫ 新しい技術に関心がある

(　　) ⑬ 疑問点があると、とことん突き詰めて考えないと気がすまないところがある
(　　) ⑭ 人の悩みや愚痴の聞き役になることが多い
(　　) ⑮ よく知らない人たちといても、雑談で適当に間を持たせることができる
(　　) ⑯ 人間相手の仕事よりも、書類やディスプレイに向かう仕事のほうが好きだ
(　　) ⑰ 人と違ったことをしてみたいといった思いが強い
(　　) ⑱ 理論のような抽象的な話より、モノの素材や操作法など具体的なことに関心が強い

(　　) ⑲ 調べ物をするのが好きだ
(　　) ⑳ 世話好きなほうだ
(　　) ㉑ 人を説得するのが得意だ
(　　) ㉒ スピードより正確さを重視し、コツコツと地道に努力するほうだ
(　　) ㉓ 理詰めでなく感覚的にものごとを判断するほうだ
(　　) ㉔ モノを分解したり、組み立てたりするのが好きだ

CHAPTER 03 自分の適職を探る

採点表

つぎの式に当てはめて、あなたの6つの職業興味得点を計算しましょう。

①+⑦+⑬+⑲ = [　　　　]……知的興味得点

②+⑧+⑭+⑳ = [　　　　]……教育・福祉的興味得点

③+⑨+⑮+㉑ = [　　　　]……営業・販売的興味得点

④+⑩+⑯+㉒ = [　　　　]……情報処理・経理的興味得点

⑤+⑪+⑰+㉓ = [　　　　]……ファッション・マスコミ・企画的興味得点

⑥+⑫+⑱+㉔ = [　　　　]……機械操作・技術的興味得点

得点がとくに高いものが、あなたの職業興味に沿った仕事ということになります。1つだけが突出していればわかりやすいですが、多くの場合は得点の高いものが複数あったりします。人間というのは多面的存在なので、複数の異質な職業興味をもっていても何ら不思議ではありません。

ただし、職業興味がそのまま職業に直結することは多くはないということを覚えておきましょう。大切なのは、ど

あなたの職業興味から適職を知る

んな職業に就いていても、自分の職業興味を満たすような働き方を工夫するということです。それが納得のいくビジネス・キャリア形成につながっていきます。たとえば、教育・福祉関係の得点の高い人が、製造業の会社に勤めていたとして、部下を育てたり、従業員の福利厚生の充実を図ったりすることで、その興味を満たすことができるでしょう。

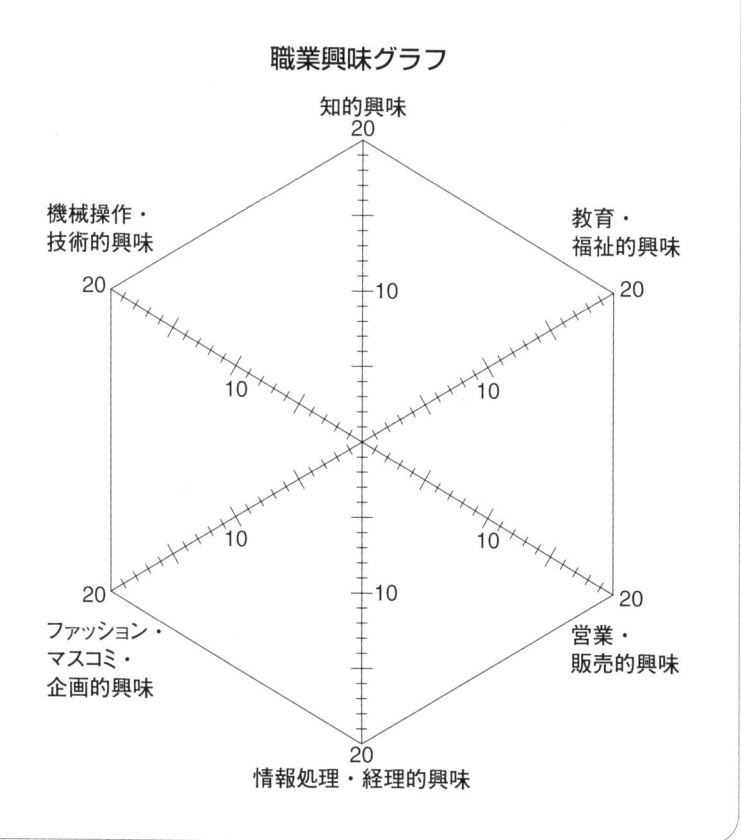

職業興味グラフ

- 知的興味
- 教育・福祉的興味
- 営業・販売的興味
- 情報処理・経理的興味
- ファッション・マスコミ・企画的興味
- 機械操作・技術的興味

職業興味の6タイプ

① 知的興味タイプ

知的探求心が旺盛で、ものごとを理詰めで考えるのが好きなタイプ。

調べ物をしたり、資料収集したり、資料やデータが意味するところを読み解いたりするのが好きで、そのための勉強は苦になりません。

研究者、学芸員、司書、弁護士、法律関係などの専門職が向いています。

② 教育・福祉的興味タイプ

人に対する関心が強く、世話好きで、困っている人を放っておけないタイプ。

人を育て引っ張っていくのが好きだったり、人をサポートするのが好きだったりします。いずれにしても面倒見がよく、人とたえず触れ合っているのが苦になりません。

教師、ソーシャルワーカー、カウンセラー、介護福祉士、ホームヘルパーなど、教育・福祉関係の仕事が向いています。

③ 営業・販売的興味タイプ

社交的で、人をもてなしたり、説得するのが好きなタイプ。

初対面の人が相手でも苦にならず、人の気持ちをつかむのが得意で、人との折衝で力を発揮します。

セールス、ツアーコンダクター、販売員など、営業・販売関係の仕事が向いています。

④ 情報処理・経理的興味タイプ

注意力があり、ものごとを地道かつ正確に進めていくタイプ。

細かなところにまで注意が行き渡り、単調になりがちな作業でもケアレスミスが少なく、正確さを要求される仕事で有能さを示します。

会計、パソコンを用いた情報処理や文書作成、校正など、経理・情報処理関係の仕事が向いています。

⑤ ファッション・マスコミ・企画的興味タイプ

好奇心旺盛で、新しいことが好きで、何かを生み出すことに喜びを感じるタイプ。

流行に敏感で、社会の空気や人々の動向を鋭く察知し、新たなものごとを生み出す創造力・企画力を要する仕事で有能さを示します。

ファッション、デザイン、広告、マスコミ、イベント企画など、発想力が問われる創造的な仕事が向いています。

⑥ 機械操作・技術的興味タイプ

抽象的なことよりも具体的なモノに対する関心が強いタイプ。

モノを組み立てたり、開発したり、コンピュータや機械を操作したりするのが好きで、技術的な仕事で力を発揮します。

エンジニア、機械操作や組み立て、技術開発など、機械・技術関係の仕事が向いています。

CHAPTER 03 自分の適職を探る

職業適性はパーソナリティのあらわれ

職業適性検査は、企業が採用時に使うだけでなく、従業員の適性を知るために使うことも多くなりました。

心理学者スーパーは、知能、空間知覚、知覚の速さ、正確さ、精神運動能力などによって、職業適性を診断する検査を開発しました。

日本でよく使われてきた厚生労働省の一般職業適性検査(GATB-1)では、一般的能力と特殊的能力が測定され、一般的能力としては、知的能力、言語能力、数理能力が測定されます。特殊的能力としては、書記的能力、空間判断力、形態知覚、運動機能、指先の器用さ、手先の器用さが測定されます。そして、職業によってどの能力がどの程度必要とされるかに関する情報をもとに、個人の職業適性を診断します。

しかし、そのような能力検査だけで職業適性を診断するのは危険です。「好きこそものの上手なれ」と言われるように、私たちは好きなことにはものすごい集中力をみせるものです。その結果、能力以上の成果を上げたり、能力が開発されるということが起こります。勉強に対してはまったく集中力も根気もない子が、部活では別人のような集中力をみせ、きつい訓練も必死にこなしている。そんな姿をだれもが見たことがあるはずです。

心理学者ホランドは、職業の選択とはパーソナリティの表現であり、特定の職業的環境にいる人々は、似たパーソナリティとパーソナリティ形成史を示す傾向があるといいます。そして、職業適性を検討する際には、職業興味というパーソナリティの側面を調

べる必要があるとし、職業選択やキャリア発達に影響する主要な要因はパーソナリティであるとしました。

人物と職業の相性を検討するのがジョブマッチングですが、ホランドはパーソナリティを軸に据えたジョブマッチングの方向性を以下の4点に要約しています。

①多くの人々は、現実型、探求型、芸術型、社会型、企画型、慣習型の6つのタイプに分けることができる
②職業環境には、現実型、探求型、芸術型、社会型、企画型、慣習型の6種類がある
③人は、自分の技能や能力を活かすことができ、自分の価値観や態度を表すことができて、自分の納得できる役割や課題を引き受けさせてくれるような環境を探し求める
④個人の行動は、その人のパーソナリティとその人の環境の特徴との交互作用によって決められる

このように、職業適性を判断するにあたって、パーソナリティを考慮することの重要性が認識されるようになってきました。そこで最近では、能力だけでなく、性格や興味、意欲といった心理的側面の重要さが認識され、能力的側面に加えて心理的側面も測定するようになっています。

最近よく使われるSPI

現在、企業の採用時によく使われるSPIは、能力適性検査と性格適性検査で構成されています。

CHAPTER 03 自分の適職を探る

　能力適性検査は、言語的能力を測定するものと非言語的能力を測定するものに分かれています。言語的能力とは、会話や文章で人とコミュニケーションをする能力で、国語力に相当します。非言語的能力とは、主として論理的思考力と計算力、それによって情報を正しく分析する能力で、数学や理科の能力に相当します。

　性格適性検査は、情緒的側面、行動的側面、意欲的側面、性格類型の4つの側面から性格をとらえようというものです。

　情緒的側面は、職業や職業生活への適応性や人間関係能力について、内面の気持ちを中心にチェックするもので、6つの要素を測定します。

①過敏性……………感受性の繊細さ
②内罰性……………自分を責める傾向
③情緒的未熟性……気分のムラの程度
④独自性……………独自性にこだわる傾向
⑤自己主張性………自己主張をする傾向
⑥楽天性……………楽天的にものごとをみる傾向

　行動的側面は、職業や職場生活への適応性や人間関係能力について、外に表れる行動面からチェックするもので、5つの要素を測定します。

①社会的内向性……社交的な対人関係への消極性
②内省性……………ものごとをじっくり考える傾向
③身体活動性………フットワークの軽さ
④持続性……………困難にもめげずに粘り強く頑張る傾向
⑤慎重性……………慎重にものごとを進めていく傾向

意欲的側面は、仕事に対する取り組み姿勢について、行動の背後にある意欲面からチェックするもので、2つの要素を測定します。
　①達成意欲……ものごとを成し遂げたいという意欲
　②活動意欲……バイタリティの程度

　性格類型は、分析心理学者ユングの類型論に基づくもので、4つの基準で測定します。
　①内向型か外向型か
　②感覚型か直観型か
　③思考型か感情型か
　④自分が変わろうとするか、環境を変えようとするか

CHAPTER 4

自分の居場所と思える仕事を探る

あなたのキャリア・アンカーから適職を知る

CHAPTER 04 自分の居場所と思える仕事を探る

人それぞれに仕事の向き・不向きがあります。ある仕事をしているときにはわりと心地よいのに、別の仕事をしているときには無理をしている感じがある。そんな経験がだれにもあるものです。

これまでの経験の中に適職を知るヒントがある

　自分の適職を考える際に、これまでの人生を振り返ると、重要な手がかりが得られます。たとえば、自分は何をしているときにとくにイキイキとしていたか、気持ちよく働けたのはどんな作業をしたときだったかを思い出してみましょう。反対に、苦痛を感じたりイヤだなあと感じたのはどんな作業をしているときだったかを思い出してみましょう。そこから、自分に合う仕事のもっている要素、自分に合わない仕事のもっている要素がわかります。

　時間感覚も参考になります。自分に合ったことをしていると、あっという間に時間がたちます。「えっ、もうこんな時間？」と驚かされることがあります。反対に、自分に合わないことをしていると、なかなか時間が過ぎてくれません。「まだこんな時間？」と、時間の経過の遅さにうんざりします。自分に合ったことをしていると、我を忘れて集中できるため、気がつくと長い時間が経過していたということになります。自分に合わないことをしていると、気が散って集中できず、しょっちゅう我に返って時間を気にするため、なかなか時間が経過しないということになります。そこで、これまでに時が経つのも忘れた経験はなかったか、あるとすれば何をしていたときかを振り返ってみましょう。そこに、

あなたの適職を探す手がかりが潜んでいます。

自分の居場所と感じさせるのが
キャリア・アンカー

経営学者であり心理学者でもあるシャインは、さまざまなビジネスパーソンに仕事生活についてのインタビューを行った結果、あることに気づきました。それは、だれもがある種の仕事をしているときには、他の仕事をしているときよりも、安全な波止場に停泊しているように感じるということです。そこが自分の居場所だといった感覚です。

そこでシャインは、自分の居場所という感じを与える仕事のもつ要因をキャリア・アンカーと名づけました。

自分のキャリア・アンカーにうまく適合する仕事をしていると、充実感が得られるし、集中できるため、あっという間に時間が経過していきます。そのような仕事に巡り合えた人は、これこそが自分のすべきことだと感じ、そこに錨を降ろそうとします。アンカーというのは錨という意味です。「ここが自分の居場所だ」と感じることができるとき、そこに錨を降ろすのです。キャリア・アンカーには、そのようなニュアンスがあります。

では、あなたにとってのキャリア・アンカーは何でしょうか。次ページのチェックテストを使って、あなたのキャリア・アンカーを探ってみましょう。

CHAPTER 04 自分の居場所と思える仕事を探る

キャリア・アンカー・テスト

以下の各項目について、自分にあてはまる程度を1〜5の数字で答えてください。数字は項目番号の前の（　）の中に記入しましょう。基準はつぎのとおりです。

- 1………あてはまらない
- 2………あまりあてはまらない
- 3………どちらともいえない
- 4………ややあてはまる
- 5………あてはまる

(　) ① 専門的な知識を身につけたり技能を磨いたりすることにやりがいを感じる
(　) ② 組織を動かしたりまとめたりすることにやりがいを感じる
(　) ③ 仕事内容よりも会社の安定性を重視したい
(　) ④ アイデアを練って何かを創造することにやりがいを感じる
(　) ⑤ 個人の自由裁量や自己管理の余地が大きいときにやりがいを感じる
(　) ⑥ 人々のために役立つことをしていると思えるときにやりがいを感じる
(　) ⑦ ワークライフバランスを大切にしたい
(　) ⑧ 困難な課題に挑戦しているときにやりがいを感じる
(　) ⑨ いろんな職種を経験するより、特定の職種のスペシャリストをめざしたい
(　) ⑩ 人をどう動かすかなど、マネジメントに非常に興

　　　　　味がある
(　) ⑪ 安定した収入が期待できるなら、仕事のやりがいには多少目をつぶることもできる
(　) ⑫ 組織の中で働くよりも、自分で事業を立ち上げるほうが力を発揮できそうに思う
(　) ⑬ 自分のやり方で納得のいくように仕事を進めたいという気持ちが強い
(　) ⑭ 社会貢献をしたいという気持ちが強い
(　) ⑮ いくら収入がよくてもプライベートを犠牲にするような仕事には就きたくない
(　) ⑯ 常にチャレンジしていると実感できる仕事に就きたい
(　) ⑰ これだけはだれにも負けないというような自分の専門領域をもちたい
(　) ⑱ 組織の動向を左右する決定権をもつような立場に就きたい
(　) ⑲ 将来にわたる雇用が保証されないような組織では、安心して仕事に打ち込めない
(　) ⑳ いつか自分で事業を起こしたいという気持ちがある
(　) ㉑ 組織のルールにきつく縛られるような自由度の小さい仕事は、息が詰まるようで嫌いだ
(　) ㉒ みんなが暮らしやすい社会の実現に結びつくような仕事をしたい
(　) ㉓ 高い地位に就くよりも家族生活や個人生活との調和を重視したい
(　) ㉔ 逆境に立たされたときこそ力を発揮できるタイプだと思う

CHAPTER 04 自分の居場所と思える仕事を探る

採 点 表

つぎの式に当てはめて、あなたの8つのキャリア・アンカー得点を計算しましょう。

①+⑨+⑰ = [　　　　]……専門コンピタンス得点

②+⑩+⑱ = [　　　　]……経営管理コンピタンス得点

③+⑪+⑲ = [　　　　]……安定得点

④+⑫+⑳ = [　　　　]……起業家的創造性得点

⑤+⑬+㉑ = [　　　　]……自律・自立得点

⑥+⑭+㉒ = [　　　　]……社会への貢献得点

⑥+⑮+㉓ = [　　　　]……全体性と調和得点

⑥+⑯+㉔ = [　　　　]……チャレンジ得点

得点がとくに高いものが、あなたのキャリア・アンカーということになります。1つだけが突出していればわかりやすいですが、得点が高めのキャリア・アンカーが複数あるというのもよくあることです。

たとえば、経営管理と安定の得点が高い場合は、安定した組織で管理職をめざすということになります。起業家的創造性と自律・自律とチャレンジの得点が高い場合は、組織に属さず、自分で新たな事業を立ち上げ、それを軌道に乗せるために困難な課題につぎつぎにチャレンジしていくことになります。専門コンピタンスと自律・自立の得点が高い場合は、組織での出世にとらわれず、むしろ組織とは一定の距離を取って、マイペースで専門的能力を発揮したり、さらなる能力開発に励んだりできる境遇を求めることになります。

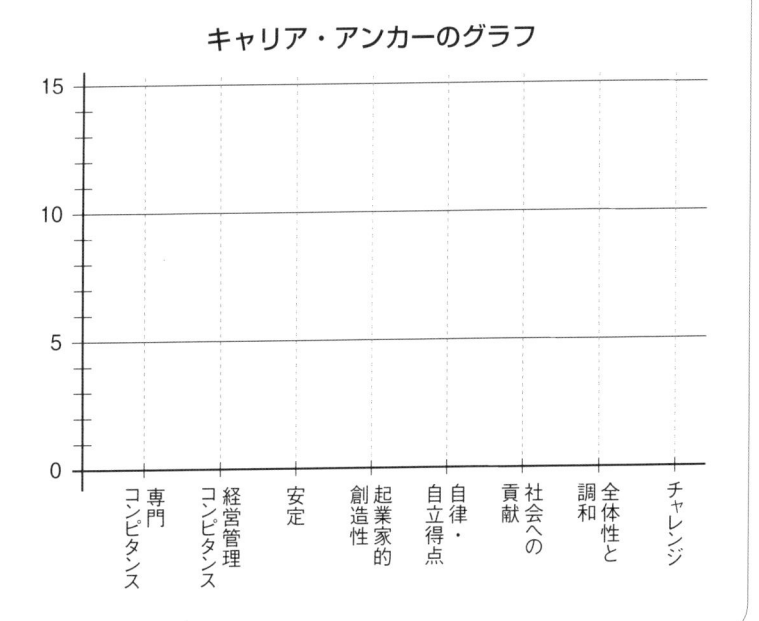

キャリア・アンカーのグラフ

専門コンピタンス	経営管理コンピタンス	安定	起業家的創造性	自律・自立得点	社会への貢献	全体性と調和	チャレンジ

CHAPTER 04 自分の居場所と思える仕事を探る

8つのキャリア・アンカー

① 専門コンピタンス

　特定の分野で専門的能力を高めることをめざす人のキャリア・アンカー。

　企画、営業、販売、技術、人事など、活躍をめざす分野は人それぞれですが、自分の得意な分野で専門的な能力を発揮することに喜びを感じるタイプです。

　専門性を高めるための知識やスキルの獲得などの能力開発には積極的な姿勢を示し、自己啓発には余念がありません。

　ゼネラリストとしていろんな仕事に通じることで出世するということにはあまり関心がないため、社内での出世などには興味がありません。むしろ、管理職に登用されることで現場から離れ、専門的な能力を発揮する機会がなくなることで、意欲を喪失することがあります。人や組織をマネジメントすることよりも、自分自身の能力開発にやりがいの源泉があります。

② 経営管理コンピタンス

　管理職として人や組織をマネジメントすることに価値を置く人のキャリア・アンカー。

　組織内の機能を相互に結びつけ、対人関係を処理し、集団を統率する能力を発揮し、組織の期待に応えることに喜びを感じるタイプです。

　ゼネラリストとして、いろんな部署を経験し、全社的な視野に

立てるようになって、組織を動かす立場になることをめざすため、個々の専門的能力の開発よりも、マネジメント能力の開発や人脈づくりに熱心なところがあります。責任ある地位を得て、出世の階段をのぼっていくことがやりがいの源泉となっており、組織内での評判にこだわり、人望を得ることを求めます。

③ 安定

組織に所属して安定した立場を確保することに価値を置く人のキャリア・アンカー。

安定した生活が持続することを何よりも重視するため、所属する組織の安定性や雇用の保障に対するこだわりが強く、一旦就職したらそこに落ち着くことを望むタイプです。

仕事のやりがいや出世のために無理をすることなく、仕事そのものより給与や年金、退職手当、福利厚生などの条件面を気にする傾向があります。組織に所属することによって安定した生活を送りたいという動機が強いため、着実に職務をこなすことをめざします。

④ 起業家的創造性

新しい商品やサービスを開発したり、新たな事業を立ち上げるなど、何かを生み出すことに価値を置く人のキャリア・アンカー。

創造の欲求が強く、世の中の流れを肌で感じ取り、目の前の現実に欠けているものを敏感に察知し、それを生み出すためならどんな努力も惜しみません。

現状を維持すること、組織を維持することには関心がなく、常に先を見据えて動くため、起業時や新たな事業の展開時には大い

に力を発揮しますが、ものごとが軌道に乗ってくると、活躍の場を失いがちです。そこからは経営管理コンピタンス・タイプの出番となります。

安定の中に安住するということがなく、たえず創造に駆り立てられており、創造のために知恵を絞り、困難を乗り越え、新たな事業を軌道に乗せる、そのプロセスがもたらす充実感と達成感がやりがいの源泉になっています。

⑤ 自律・自立

自分の意志で動きたいという気持ちが強く、管理されることを嫌い、何ごとも自分で決め、自分の納得のいくようにやりたいという人のキャリア・アンカー。

人から指図されなくても、自分から積極的に動き、自立的に仕事をこなしていくタイプです。自分の納得のいくやり方でやりたい、組織のルールや慣習に縛られたくないという気持ちが強いため、組織による管理には強い抵抗を示します。

組織に属さず独立してやっていきたいという思いはあっても、現実には難しいため、多くの場合は組織に属していますが、帰属意識は低く、気持ちの上で組織と距離を置いています。いざというときには組織を変えられるように、現在の組織外でも通用する力をつけようと勉強熱心なところがあります。

⑥ 社会への貢献

何かで社会に貢献したい、世の中をもっと良くしたいという気持ちが強く、みんなが暮らしやすい社会の実現に価値を置く人のキャリア・アンカー。

困っている人や弱者を助けたり、啓発的な運動をしたりすることにやりがいを感じるため、教育、医療、福祉、環境、平和などに関係する分野で、人々の役に立つ仕事をすることが多くなります。

　自分の活躍や組織の繁栄よりも、自分の仕事が社会の向上に役立っていると実感することを重視します。ゆえに、どんなに待遇が良くても、自分の仕事が社会に悪影響を与えるものであることには我慢できず、転職を考えざるを得なくなります。社会のためになることをしたいという価値観が生き方を貫いているタイプといえます。

⑦ 全体性と調和

　仕事と家族生活や個人的趣味を両立させて、全体として調和の取れた人生を送りたいという人のキャリア・アンカー。

　ワーク・ライフ・バランスが大切だといわれるようになりましたが、このタイプはビジネスとプライベートのバランスの取れた精神的に豊かな生活の実現をめざします。仕事に励みながらも、家族と一緒に過ごす時間も大事にしたり、個人的な趣味やライフワーク的な目標も大事にします。

　ゆえに、転勤が多いとか休日出勤が多いなど、プライベートを犠牲にしないと成り立たないビジネススタイルには適さないタイプといえます。

⑧ チャレンジ

　チャレンジ精神が旺盛で、困難な課題に尻込みすることなく、挑戦することに生きがいを感じる人のキャリア・アンカー。

CHAPTER 04 自分の居場所と思える仕事を探る

　常に目新しさや変化、難しさを追求し、難題を解決したり、厳しい状況を乗り越えたり、強敵に打ち勝つことにやりがいを感じます。

　ゆえに、簡単にこなせる仕事やルーティン的な仕事には我慢ができず、チャレンジの機会を求めてせっかくの安定した立場を捨ててしまうことさえあります。安定志向の人の多い職場とは折り合いが良くないほうなので、独立したり、新興の小さな組織に活躍の場を求めることになりがちです。

あなたのキャリア・アンカーは？

　あなたのキャリア・アンカーは見つかりましたか。

　キャリア・アンカーの説明を読んでも、自分があてはまりそうなものが複数あって、どれか１つを選ぶのは難しいというのがふつうです。しかし、シャインは、だれにとってもキャリア・アンカーは本来１つしかないと言います。本人が気づいていないだけだというのです。

　シャイン自身、教授として勤務しているマサチューセッツ工科大学の学部長候補に推薦され、決断を迫られたとき、はじめて自分がほんとうに望んでいるのは何であるかに気づいたと言います。そして、学部長就任を断りました。

　シャインにとって、学部長になることは自由を失うことを意味しました。管理職をめざす人にとっては、学部長になるというのは大きな目標であり、願ってもないチャンスということになるでしょう。しかし、出世欲や権力欲が満たされる代わりに、組織のための仕事を中心にせざるを得なくなり、自分のやりたい仕事に

専念する自由や時間が大いに制約を受けることにならざるを得ません。それがシャインにとっては苦痛に感じられたのです。

そのときシャインは、自分のキャリア・アンカーは専門コンピタンスかもしれないと思ったそうです。それほどに自分のキャリア・アンカーに気づくことは難しいようです。

「これこそ自分がすべき仕事だ」「ここがまさに自分のいるべき職場だ」と思える仕事や職場に出会えた人は幸せです。現実には、「どうもこの仕事をしていてもしっくりこない」「今の職場に不満があるというわけでもないのだが、ここが自分の居場所だという感じがしない」というケースが少なくないようです。待遇に不満なわけでもないし、人間関係が悪いわけでもない。でも、満足できない何かがある、納得しきれていないところがある。それは、自分本来のキャリア・アンカーに合わない仕事をしているということかもしれません。

終身雇用も崩れ、派遣社員・契約社員といった非正規社員の雇用形態も広まり、転職に抵抗のない時代になりました。そこで、仕事が合わないと感じたり、職場に馴染めないと感じたりすると、わりと簡単に辞めてしまう人が多くなってきました。

しかし、今の仕事や職場が合わないからといって、闇雲に職を変えても、自分にピッタリの仕事や職場に巡り合える可能性は高くはありません。そこで重要なのは、自分のキャリア・アンカーをハッキリとつかむことです。

シャインは、自分自身にとってのキャリア・アンカーが何であるかを探るには、つぎのような問いについて考えるとよいと言います。

CHAPTER 04 自分の居場所と思える仕事を探る

キャリア・アンカーを探る問い

①どんな仕事をしているときに充実感を感じるだろうか
②時間が経つのも忘れるくらいに没頭した仕事は何だっただろうか
③仕事や職場に関して、あなたがとくにイヤだと感じるのは、どういうことだろうか

　これらの問いを巡って、自分自身をじっくり振り返ってみましょう。これまでの経験の中に、あなたのキャリア・アンカーを教えてくれる何らかのヒントが散りばめられているはずです。

CHAPTER 5

自分の自己コントロール力を8つの要素で知る

優秀人材の選抜で重視される社会的知性(1)

CHAPTER 05 自分の自己コントロール力を8つの要素で知る

知的能力が高くても社会で活躍できない人

　知識が豊富で、頭も良く、たいていの仕事は要領よくこなしているのに、社内でまったく信頼されていない人がいました。上司に理由を尋ねてみると、ときどきキレるため、みんな腫れ物に触るように接しているとのことでした。

　一流大学を出ているのに、年齢相応の待遇が与えられていない人がいました。その人の場合は、人間関係が極度に苦手で、顧客相手の仕事に使えないだけでなく、社内の人間関係もきちんとこなせないので、上司としても手を焼いているとのことでした。

　仕事も有能にこなし、周囲の人たちとのかかわりもまったく問題ないのに、ちょっとしたことでひどく落ち込み、休みがちになるという人がいました。周囲の人たちには、なぜ落ち込むのかわからないような些細なことで落ち込むので、戦力にカウントできないとのことでした。

　こうした事例はそこらじゅうにみられます。いくらIQが高くても、社会に出て活躍できるとは限らない。むしろIQとは異なる能力が決め手となるように思われます。そこで、人生の成功はIQのような知的能力では説明できないとされ、心の知能が重要だとか情動的知性（EQ）が決め手となるなどといわれるようになりました。それらが一般に社会的知性と呼ばれる能力です。

社会的知性こそが重要な意味をもつ

　知的能力以外の知性である社会的知性として、ビジネスにとっ

て最も重要な意味をもつと考えられているのは、人間関係能力と自己コントロール能力です。

　テストで良い成績を取れば優等生でいられる学校時代と違って、社会に出てから問われる能力は人間関係能力だといっても過言ではありません。営業や販売のような顧客相手の仕事で人間関係能力が問われるのはもちろんのこと、社内で意見や提案を通すにも人間関係能力が必要です。

　いくら知識や能力をもっていても、やる気を燃やすことができないと成果を上げることはできません。学校時代と違って、だれかがいちいち管理してくれるわけではないので、自分で自分を奮い立たせ、目標を設定したり、目標達成行動に自身を駆り立てたりする必要があります。

　自分の感情をコントロールする能力も、社会で活躍の場を得るためには大切です。せっかく積み上げてきた信頼を、一回キレただけですべて失ってしまうことがあります。失敗したり、叱られたりするたびに落ち込んだり、うつになったりしていては、厳しい現実を生き抜いていくことはできません。ストレス対処も含めた感情コントロールは、ビジネスで必須の能力といえます。

　私は、人生を力強く歩んでいくのに必要な知性としての社会的知性あるいはEQ（情動的知性）を「自己コントロール力」「人間関係能力」「社会への態度」「自分の健康性」の４つの側面からとらえています。

　分量が多くなるので、まずは自己コントロール力を取り上げ、あとは次章以降で扱うことにします。

CHAPTER 05

自分の自己コントロール力を
8つの要素で知る

社会的知性テスト(1) 自己コントロール力

　以下の各項目について、自分にあてはまる程度を1～5の数字で答えてください。数字は項目番号の前の（　）の中に記入しましょう。基準はつぎのとおりです。

　　　　1………あてはまらない
　　　　2………あまりあてはまらない
　　　　3………どちらともいえない
　　　　4………ややあてはまる
　　　　5………あてはまる

（　）① 腹が立って感情を爆発させてしまうことがある
（　）② イヤなことがあっても、あまり落ち込むことはない
（　）③ 逆境に置かれると、よけいに燃えるほうだ
（　）④ 有能になりたいという思いは人一倍強いほうだ
（　）⑤ 非常にやる気があるほうだ
（　）⑥ 何かをやり始めると止まらなくなることがある
（　）⑦ 何をするにも失敗したらどうしようという不安が強い
（　）⑧ やり始めたことを途中で投げ出すのは嫌いだ

（　）⑨ 気分の浮き沈みが激しい
（　）⑩ イヤなことがあると、なんでこんな目に遭わなければいけないのかと思ったりする
（　）⑪ 失敗すると尾を引き、なかなか立ち直れない
（　）⑫ 向上心は強いほうだ
（　）⑬ 目標を達成したいという気持ちは強いほうだ
（　）⑭ ものごとに熱中するということはあまりない

(   ) ⑮ 自分はたいていのことはうまくできると思う
(   ) ⑯ 何かにつけてすぐに諦めるクセがある

(   ) ⑰ 機嫌が悪くて人に当たってしまうことがある
(   ) ⑱ イヤなことがあっても適当に気分転換ができる
(   ) ⑲ 失敗から学ぼうという気持ちが強い
(   ) ⑳ 日々前進しているといった感覚を大事にしたい
(   ) ㉑ 何ごとに対しても、あまりやる気になれない
(   ) ㉒ 人から声を掛けられても気づかないほど何かに集中していることがある
(   ) ㉓ 自分には人並み以上にできることがある
(   ) ㉔ 思い通りの成果が出なくても粘り強くやり抜こうとする

(   ) ㉕ 気分が沈んでいるときは人と会うのもイヤになる
(   ) ㉖ どんなに忙しくてもイライラせずに、着実に仕事を片付けていける
(   ) ㉗ 困難な状況でも必ず打開策はあるはずだと思う
(   ) ㉘ 自分のダメなところを改善したいという思いは強いほうだ
(   ) ㉙ 困難な課題にチャレンジしたいという気持ちが強いほうだ
(   ) ㉚ ここ一番というときには集中力を発揮するほうだ
(   ) ㉛ 目標達成のために必要なら、たいていのことは我慢できる
(   ) ㉜ 自分で決めたことでも守れないことがよくある

CHAPTER 05
自分の自己コントロール力を8つの要素で知る

採点表

回答＼設問	①	②	③	④	⑤	⑥	⑦	⑧
1	5	1	1	1	1	1	5	1
2	4	2	2	2	2	2	4	2
3	3	3	3	3	3	3	3	3
4	2	4	4	4	4	4	2	4
5	1	5	5	5	5	5	1	5

回答＼設問	⑨	⑩	⑪	⑫	⑬	⑭	⑮	⑯
1	5	5	5	1	1	5	1	5
2	4	4	4	2	2	4	2	4
3	3	3	3	3	3	3	3	3
4	2	2	2	4	4	2	4	2
5	1	1	1	5	5	1	5	1

回答＼設問	⑰	⑱	⑲	⑳	㉑	㉒	㉓	㉔
1	5	1	1	1	5	1	1	1
2	4	2	2	2	4	2	2	2
3	3	3	3	3	3	3	3	3
4	2	4	4	4	2	4	4	4
5	1	5	5	5	1	5	5	5

設問 回答	㉕	㉖	㉗	㉘	㉙	㉚	㉛	㉜
1	5	1	1	1	1	1	1	5
2	4	2	2	2	2	2	2	4
3	3	3	3	3	3	3	3	3
4	2	4	4	4	4	4	4	2
5	1	5	5	5	5	5	5	1

つぎの式に当てはめて、あなたの8つの自己コントロール力得点を計算しましょう。

①＋⑨＋⑰＋㉕ ＝ [　　　] ……感情コントロール力得点

②＋⑩＋⑱＋㉖ ＝ [　　　] ……ストレス耐性得点

③＋⑪＋⑲＋㉗ ＝ [　　　] ……レジリエンス得点

④＋⑫＋⑳＋㉘ ＝ [　　　] ……向上心得点

⑤＋⑬＋㉑＋㉙ ＝ [　　　] ……達成動機得点

⑥＋⑭＋㉒＋㉚ ＝ [　　　] ……集中力得点

⑦＋⑮＋㉓＋㉛ ＝ [　　　] ……自己効力感得点

⑧＋⑯＋㉔＋㉜ ＝ [　　　] ……意志の強さ得点

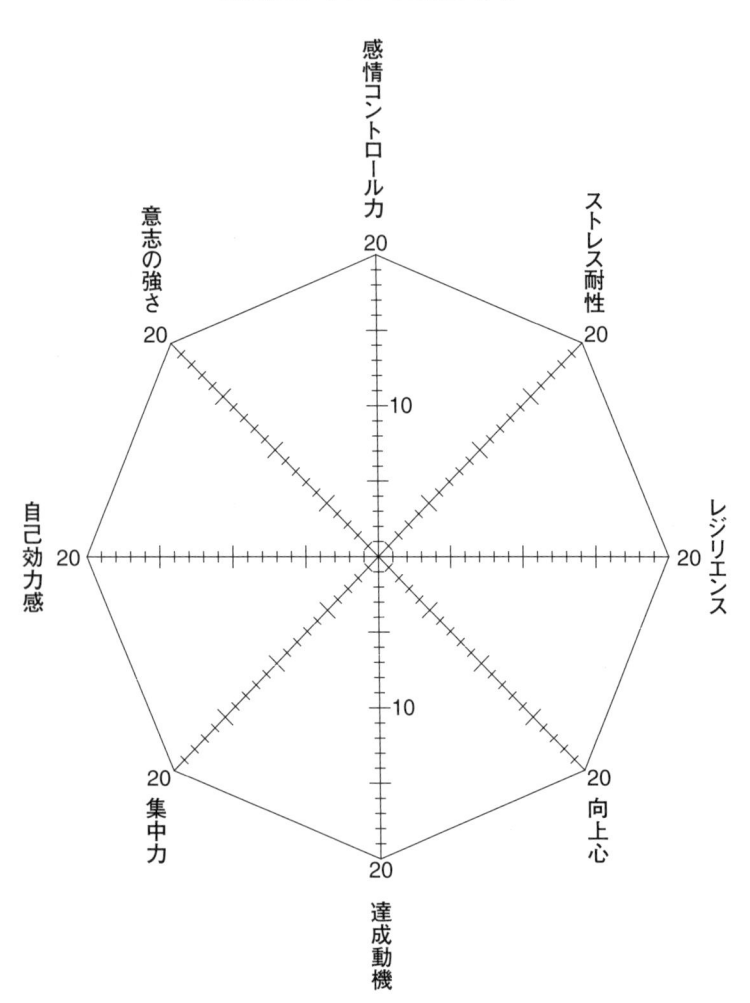

CHAPTER 05 自分の自己コントロール力を8つの要素で知る

前ページの得点をグラフ化してみましょう。

自己コントロール力グラフ

- 感情コントロール力 20
- ストレス耐性 20
- レジリエンス 20
- 向上心 20
- 達成動機 20
- 集中力 20
- 自己効力感 20
- 意志の強さ 20

自己コントロール力の8つの要素

① 感情コントロール力

　16点以上の人は感情コントロール力の高い人、8点以下の人は感情コントロール力の低い人、9点以上16点未満の人は平均並みの人といえます。

　理不尽なことで上司に怒鳴られたり、同僚から嫌味を言われたり、取引先にアイデアを盗まれるなど、腹立たしいことがしょっちゅう起こるのが人生です。そんなとき、怒鳴り返したり、卑劣さを罵るなど、怒りを発散すると一時的にスッキリしますが、その後は関係が悪化して立場が悪くなることはあっても、事態の改善は期待できません。

　未知の事態ではだれでも不安になります。適度な不安は人を慎重にさせる効果がありますが、過度な不安は消極的な姿勢を生み、せっかくのチャンスをふいにしたり、気持ちを委縮させて実力を発揮するのを邪魔するなど、害となります。

　イヤなことがあれば憂うつな気分になるのは当然ですが、いつまでもネガティブな気分を引きずってクヨクヨするばかりでは、仕事にも人間関係にも差し障ります。

　衝動の爆発を抑えたり、ネガティブ感情を鎮めたり、気分転換するなど、感情をうまくコントロールすることは、快適な人生を送る上で不可欠な能力です。

　感情コントロール力の得点が16点以上の人は、感情に振り回されることがなく、比較的上手に自分の感情をコントロールして

いるといえます。8点以下の人は、感情コントロールがうまくできずに感情に振り回されることが多いようなので、感情反応を抑える方法や気分転換の方法を学ぶ必要があるでしょう。

② ストレス耐性

16点以上の人はストレス耐性の高い人、8点以下の人はストレス耐性の低い人、9点以上16点未満の人は平均並みの人といえます。

現代はストレス社会であるといわれるように、現実を生きていく上でストレスはつきものです。

職場の人間関係のストレスと過労のストレスがビジネス・パーソンの2大ストレスとされています。それに加えて、情報過多のストレス、高速社会のストレス、過密のストレスといった現代社会特有のストレスがあります。さらには、思いがけない不幸に見舞われたり、思い通りにならないことなどもあり、それらもストレスになります。

こうした多くのストレスに耐えることができないと、ビジネスの世界を生き抜くことはできません。どんなに忙しくても淡々と仕事をこなしていける冷静さ。イヤなことがあったときも「なぜこんな目に遭わないといけないのか」とか「こんなことになるなんて自分は運が悪い」などと感情反応を示さずに、どうしたら切り抜けられるかに目を向けることができる、感情より認知優先の態度。それができる人とできない人では、仕事力に大きな差が出るはずです。

考えてもしようがないことは考えないことです。落ち込みやすい人は、イヤなことを思い出しては気分が沈む、落ち込んだ気分

でいるとイヤなことばかり思い出しては反芻してしまうといった悪循環に陥りがちです。

　イヤな気分を持続させないように、趣味や運動で気分転換したり、おいしいものを食べたりアルコールを飲んで気分転換したり、親しい人と話したりカラオケをして発散するなど、自分なりのストレス・コーピング（ストレス対処行動）のスタイルを確立しておくことは、非常に大切なことです。

③ レジリエンス

　16点以上の人はレジリエンスの高い人、8点以下の人はレジリエンスの低い人、9点以上16点未満の人は平均並みの人といえます。

　人生上で遭遇するできごとをライフイベントと言います。その中でも、試験で不合格になったり、上司に叱られたり、ライバルに差をつけられたり、左遷されたり、リストラされたり、会社が倒産するなど、自分にとってイヤな意味をもつできごとをネガティブ・ライフイベントと言います。

　人生は思い通りにならないことの連続といっても過言ではありません。したがって、人生を前向きに歩んでいくためには、ネガティブ・ライフイベントをその都度乗り越えていかねばなりません。

　そこで最近注目されているのが、レジリエンスというパーソナリティ特性です。レジリエンスとは、強いストレス状況下に置かれても健康状態を維持できる性質、ストレスの影響を緩和できる性質、一時的にネガティブ・ライフイベントの影響を受けてもすぐに回復し立ち直れる性質を意味します。

CHAPTER 05 自分の自己コントロール力を8つの要素で知る

元々レジリエンスの研究は、逆境に強い人と弱い人がいるけれども、両者の違いはどこにあるのかといった疑問に端を発しています。その種の研究によりレジリエンスの高い人の特徴として指摘されているのは、自分を信じて諦めないこと、辛い時期を乗り越えれば必ず良い時期がくると思えること、感情に溺れず自分の置かれた状況を冷静に眺められること、困難に立ち向かう意欲があること、失敗に落ち込むよりも失敗を今後に生かそうと考えることなどです。このような心理傾向をもつ人は、ネガティブ・ライフイベントに見舞われても、潰されることなく力強く乗り越えていける、たとえ一時的に落ち込むことはあってもしばらくすれば立ち直ることができます。

④ 向上心

16点以上の人は向上心の高い人、8点以下の人は向上心の低い人、9点以上16点未満の人は平均並みの人といえます。

仕事に必要な知識やスキルにしても、基礎的なビジネス教養にしても、もっと身につけたい、今よりも向上したいといった気持ちの強い人は、積極的に自己啓発を行うため、仕事力を日々高めていくことができます。反対に、向上心の乏しい人は、最低限の義務をこなすのみといったビジネス・スタイルになりがちです。その結果、両者の仕事力には大きな差がついてしまいます。

仕事に必要な知識やスキルの獲得に限らず、日々前進していきたい、自分のダメなところは改善していきたい、昨日より今日、今日より明日のほうがマシな自分になっていたいといった一般的な意味での向上心も仕事力の向上につながります。実力を引き出すのも、実力を伸ばすのも、向上心しだいといえます。

⑤ 達成動機

 16点以上の人は達成動機の高い人、8点以下の人は達成動機の低い人、9点以上16点未満の人は平均並みの人といえます。

 何かを成し遂げたい、できないことができるようになりたい、困難にもめげずに目標を達成したいという欲求が達成動機です。これは、人間のもつ最も基本的な欲求とみなされています。

 たとえば、歩き始めの幼児は何度転んでも立ち上がって歩こうとします。文字を覚えたばかりの幼児は、電車が駅に着くたびにひらがなで表記された駅の名前を読もうとします。自転車の補助輪を取り外したばかりの子は、転んでも懲りずに必死に練習をします。このように達成動機は私たち人間を貫く最も基本的な欲求なのです。

 ところが、いつのまにか達成動機が枯渇してしまっている人がいます。何かにつけてやる気のない人、チャレンジ精神を失っている人です。頑張ってもうまくいかないといった経験が続いたためかもしれません。自分からやる気になる前に、親から強制されたせいかもしれません。いずれにしても達成動機を目覚めさせることができないと、ビジネスの世界で力を発揮することはできません。

⑥ 集中力

 16点以上の人は集中力の高い人、8点以下の人は集中力の低い人、9点以上16点未満の人は平均並みの人といえます。

 ビジネスで成果を出す人は、ここ一番というときに集中力を発揮できる人です。やり始めたら止まらなくなる人、ものごとに熱

中しやすい人、人から声を掛けられても気づかないくらいに何かに夢中になることがある人、そのような人は集中力のある人といえます。

生活にはメリハリが必要です。ずっと張りつめていたら疲れてしまうし、無理をしすぎると緊張の糸が切れてしまいます。生真面目な人がストレスにやられたり、つまずきをきっかけにやる気を失ったりするのは、気持ちにも生活にも余裕がないからです。

適度に手を抜きながらも、やるときはやる。適度にプライベートを楽しみながら、仕事をするときには全力でぶつかる。そのように緩急を使い分けながら集中すべきときには集中できる人が、ビジネスの世界で成果を出していけます。

⑦ 自己効力感

16点以上の人は自己効力感の高い人、8点以下の人は自己効力感の低い人、9点以上16点未満の人は平均並みの人といえます。

自分はできるという信念、これに関しては任せてくれという自信、自分の力への信頼が自己効力感です。

「自分はきっとできる」と自信をもって事に当たるのと、「自分にできるだろうか」と不安を抱えつつ事に当たるのとでは、たとえ同じ能力であったとしても、成功率は違ってきます。

「自分はきっとできる」と自信をもって行えば、伸び伸びとした気持ちで、思い切って取り組めるため、十分に力を発揮します。ときに実力以上の力を発揮することもあるでしょう。

一方、「自分にできるだろうか」と不安を抱えて行う場合、委縮した気持ちで、消極的な姿勢で取り組むことになり、力を十分

発揮することができません。

　自分の力を信頼することは大事です。そのためにもこれまでの自分自身の成果の出し方を振り返って、自分の強みを明確につかんでおきましょう。

⑧ 意志の強さ

　16点以上の人は意志の強い人、8点以下の人は意志の弱い人、9点以上16点未満の人は平均並みの人といえます。

　ビジネスに限らず、人生を望む方向に展開していくには、意志の強さが必要です。

　いくら能力や知識があっても、強い意志をもって事に当たることができなければ、せっかくの能力や知識を活かすことができません。

　有能な人なのに、思い通りの成果が出ないとすぐに諦めてしまう人がいました。当初は期待通りの成果を出していたのですが、何でも思い通りの成果が出るわけではありません。諦めずに地道に努力を続ければ、必ず壁を乗り越え成果を出せるはずなのに、すぐに成果が出ないと投げ出してしまうのです。

　その人の同僚に、それほど能力が高いとも思えないのに、やり始めたことは何でも粘り強くやり続ける人がいました。失敗しても諦めずに、頑固に頑張り続けます。数年のうちに優劣がハッキリしてきました。当初はあまりパッとしませんでしたが、最終的に生き残れるのは意志の強いタイプです。

　ものごとが実現するかどうかは、ひとえに意志の強さにかかっているといっても過言ではありません。

CHAPTER 6

自分の人間関係能力を8つの要素で知る

優秀人材の選抜で重視される社会的知性（2）

CHAPTER 06

自分の人間関係能力を
8つの要素で知る

社会的知性テスト(2) 人間関係能力

以下の各項目について、自分にあてはまる程度を1〜5の数字で答えてください。数字は項目番号の前の（　）の中に記入しましょう。基準はつぎのとおりです。

　　　1………あてはまらない
　　　2………あまりあてはまらない
　　　3………どちらともいえない
　　　4………ややあてはまる
　　　5………あてはまる

(　) ① 人に合わせるのは苦手だ
(　) ② グループの先頭に立って動くのが好きだ
(　) ③ 自分の意見をハッキリ主張できる
(　) ④ 初対面の人と話すときはとても緊張する
(　) ⑤ 自分のことはあまり人に話さない
(　) ⑥ 人の気持ちがわかるほうだ
(　) ⑦ 体調や機嫌など周囲の人の様子にわりと敏感なほうだ
(　) ⑧ 嫌いな人、許せない人というのが結構いる
(　) ⑨ 集団の中で浮いてしまうことがよくある
(　) ⑩ 後輩や部下を引っ張っていくのは苦手だ
(　) ⑪ 一方的に自己主張して気まずくなることがある
(　) ⑫ 人に遠慮しすぎて親しくなりにくい
(　) ⑬ 自分の思うことは率直に伝えるほうだ
(　) ⑭ 何かにつけて相手の身になって考えるほうだ
(　) ⑮ いつも一緒にいる人たちの気持ちを考えながら話す
(　) ⑯ どんな人にも探せば必ず良いところがあるはずだと思う

優秀人材の選抜で重視される社会的知性（2）

( ) ⑰ 気の合わない相手と関わるのは苦手だ
( ) ⑱ 集団をまとめるのは得意なほうだ
( ) ⑲ 言いたいことを言えなくて後悔することがある
( ) ⑳ 雑談が苦手で、何を喋ったらよいのかわからなくなる
( ) ㉑ 自分をさらけ出してつきあうほうだ
( ) ㉒ 人の気持ちに鈍感だと言われることがある
( ) ㉓ うっかり相手の気持ちを傷つけるような発言をしてしまうことがある
( ) ㉔ 価値観の合わない人ととくにわかり合いたいとは思わない
( ) ㉕ 人と一緒だと無理して合わせないといけないから、できるだけ一人でいたい
( ) ㉖ どんなに忙しくてもイライラせずに、着実に仕事を片付けていける
( ) ㉗ 言い分が通じなくて、つい感情的になってしまうことがある
( ) ㉘ 初めての場でもすぐに溶け込める
( ) ㉙ プライベートなことはあまり話したくない
( ) ㉚ 人の悩みや苦しみを自分のことのように感じ取ることができる
( ) ㉛ 人のことはあまり眼中にない
( ) ㉜ 人間に失敗はつきものだから、大抵のことは大目に見る

CHAPTER 06 — 自分の人間関係能力を8つの要素で知る

採点表

設問 / 回答	①	②	③	④	⑤	⑥	⑦	⑧
1	5	1	1	5	5	1	1	5
2	4	2	2	4	4	2	2	4
3	3	3	3	3	3	3	3	3
4	2	4	4	2	2	4	4	2
5	1	5	5	1	1	5	5	1

設問 / 回答	⑨	⑩	⑪	⑫	⑬	⑭	⑮	⑯
1	5	5	5	5	1	1	1	1
2	4	4	4	4	2	2	2	2
3	3	3	3	3	3	3	3	3
4	2	2	2	2	4	4	4	4
5	1	1	1	1	5	5	5	5

設問 / 回答	⑰	⑱	⑲	⑳	㉑	㉒	㉓	㉔
1	5	1	5	5	1	5	5	5
2	4	2	4	4	2	4	4	4
3	3	3	3	3	3	3	3	3
4	2	4	2	2	4	2	2	2
5	1	5	1	1	5	1	1	1

設問 回答	㉕	㉖	㉗	㉘	㉙	㉚	㉛	㉜
1	5	1	5	1	5	1	5	1
2	4	2	4	2	4	2	4	2
3	3	3	3	3	3	3	3	3
4	2	4	2	4	2	4	2	4
5	1	5	1	5	1	5	1	5

つぎの式に当てはめて、あなたの8つの人間関係能力得点を計算しましょう。

①+⑨+⑰+㉕ ＝ [　　　]……協調性得点

②+⑩+⑱+㉖ ＝ [　　　]……リーダーシップ得点

③+⑪+⑲+㉗ ＝ [　　　]……アサーション得点

④+⑫+⑳+㉘ ＝ [　　　]……社交性得点

⑤+⑬+㉑+㉙ ＝ [　　　]……自己開示性得点

⑥+⑭+㉒+㉚ ＝ [　　　]……共感性得点

⑦+⑮+㉓+㉛ ＝ [　　　]……他者への配慮得点

⑧+⑯+㉔+㉜ ＝ [　　　]……他者受容得点

CHAPTER 06 自分の人間関係能力を8つの要素で知る

前ページの得点をグラフ化してみましょう。

人間関係能力グラフ

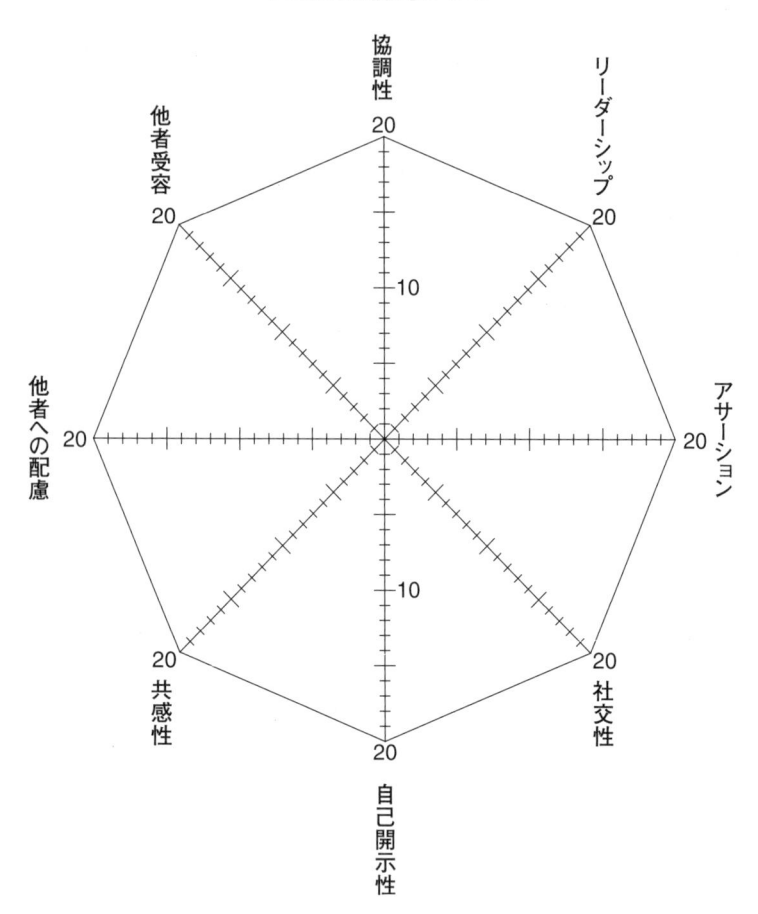

- 協調性
- リーダーシップ
- アサーション
- 社交性
- 自己開示性
- 共感性
- 他者への配慮
- 他者受容

人間関係能力の8つの要素

① 協調性

　16点以上の人は協調性の高い人、8点以下の人は協調性の低い人、9点以上16点未満の人は平均並みの人といえます。

　人それぞれに性格も違えば価値観も違います。社会というのは異質な人間同士の結びつきで成り立っています。自分と違うからといって排除したり避けていたりしたら社会生活を送ることなどできません。

　乗り越えなければならないのは、人柄や生き方の違いだけではありません。経営者と従業員では立場が違います。開発部門と営業部門も立場が違います。上司と部下も立場が違います。生産者と消費者も立場が違います。立場が違えば、考え方や求めるものが違ってきます。

　そこで求められるのが協調性です。協調性とは、性格や価値観の違う相手、立場や利害の異なる相手とも協力し合ってうまくやっていく能力です。

　近頃はコミュニケーションが苦手という若い世代が増えていますが、コミュニケーションが苦手な人は、どうしても異質な相手との関わりを避けてしまいがちです。協調性を高めるには、2章で解説したコミュニケーション能力を磨く必要があります。

② リーダーシップ

　16点以上の人はリーダーシップの高い人、8点以下の人は

CHAPTER 06 自分の人間関係能力を8つの要素で知る

リーダーシップの低い人、9点以上16点未満の人は平均並みの人といえます。

社会に出たての頃は、自分が一番新米なので、フォロワーに徹して経験を積んでいけばよいわけですが、何年かすれば後輩を率いて仕事を進めなければならない事態も生じるでしょう。プロジェクト・チームのリーダーを任されることもあるかもしれません。

リーダーシップには、目標に向かってメンバーを引っ張っていく役割と、メンバーの気持ちをひとつにまとめる役割があります。代表的なリーダーシップ理論であるPM理論でも、リーダーシップをP機能とM機能に分けています。

P機能とは、パフォーマンス機能、つまり目標達成機能です。具体的には、つぎのような要素をさします。

・目標を明確化し、部下に目標を意識させる
・目標達成のための計画を示す
・部署としての方針を徹底させる
・目標達成のための方法を具体化して部下に理解させる
・部下に役割を割り振り、役割分担を明確化する
・部下に行動の開始や役割の遂行を促す
・問題が生じた場合、問題点を明確化し、対処法をアドバイスする
・情報源やアドバイザーとして機能すべく、専門的知識やスキルの獲得に励む
・個々の部下の成果を正確に把握し、正当に評価する

M機能とは、メンテナンス機能、つまり集団維持機能です。具体的には、つぎのような要素をさします。

・快適で友好的な雰囲気の醸成・維持に配慮する

- メンバー相互の交流や情報交換を促進する
- 少数派にも発言の機会を与えるように配慮する
- メンバー間にいざこざが生じたときは仲裁する
- 集団の和を乱すメンバーに対しては適切な対処をする
- 部下一人ひとりの意見を尊重し、当事者意識をもたせる
- 部下一人ひとりの気持ちに配慮し、不平・不満に耳を傾ける
- 必要に応じて他の部署と人たちとの交渉を行う

③ アサーション

16点以上の人はアサーションの高い人、8点以下の人はアサーションの低い人、9点以上16点未満の人は平均並みの人といえます。

アサーションというのは自己主張のことです。自分を抑えすぎてうまく自己主張できない人のために、自己主張の仕方を体得させるアサーション・トレーニングが行われています。

自己主張というと、自分の言いたいことを相手にぶつけていくものと思われるかもしれませんが、アサーション・トレーニングでは、相手の気持ちに配慮しつつ自己主張をすることを学びます。それによって、お互いが納得し満足できるような関係づくりをめざすのです。

不適切な自己主張は、2つのタイプが見られます。

ひとつは、相手に悪く思われたくない、場の雰囲気を壊したくないという気持ちが強すぎて、自分を抑え込み、自己主張がほとんどできないというタイプです。人の顔色を窺うばかりで、相手の言葉に同調するばかりで、自分の意見を言うことができない。人からどう思われるかばかり気にして、言いたいことも言えない、

CHAPTER 06

自分の人間関係能力を
8つの要素で知る

イヤなこともイヤと言えずに後で気が重くなる。これをそのままに放置すると、どこかで溜め込んだものが爆発して、突如としてキレるといったことにもなりかねません。

もうひとつは、相手の気持ちや反応など眼中になく、自分の言いたいことを遠慮なくまくし立てるタイプです。相手の立場も気持ちも考えずに、自分の側からの自己主張をぶつけるばかり。イヤなものはイヤ、ほしいものはほしいと、ハッキリ主張します。こうした強引で自己中心的な主張は、相手の感情を害したり、関係を悪化させたりといったことになりがちです。

結局、遠慮して自己主張を抑えすぎるのもまずいし、相手への配慮を欠いた自分勝手な自己主張もまずいということです。大切なのは、相手の立場や気持ちに配慮しつつ、自分の思いや考えをしっかり伝えること。それがアサーションの極意ということになります。

④ 社交性

16点以上の人は社交性の高い人、8点以下の人は社交性の低い人、9点以上16点未満の人は平均並みの人といえます。

（詳細は2章参照）

⑤ 自己開示性

16点以上の人は自己開示性の高い人、8点以下の人は自己開示性の低い人、9点以上16点未満の人は平均並みの人といえます。

（詳細は2章参照）

⑥ 共感性

 16点以上の人は共感性の高い人、8点以下の人は共感性の低い人、9点以上16点未満の人は平均並みの人といえます。

 相手の嬉しい気持ちや悲しい気持ち、悔しい気持ち、腹立たしい気持ちを、まるで自分のことのように感じ取ることができるのが共感性です。友だちや職場の人たちとの関わりの中で、「この人、すごく嬉しそうだな」「きっと悔しいだろうなあ」「それは辛いだろうなあ」と相手の気持ちを察することができる人は、共感性の高い人です。

 一方、共感性の低い人は、相手の立場に立って感じ取るという習慣が身についていないため、相手の気持ちに同情するということがあまりなく、無神経な発言をしたりして、冷たい人とか鈍い人とみなされがちです。視点を相手側に移すということができないのです。

 もともと人間は自分の視点からしかものごとを見ることができない、自己中心的な存在です。でも、想像力を発達させることで、相手の視点に立ってものごとを見ることができるようになるのです。共感性の乏しい人は、そのあたりの想像力を鍛える必要があるでしょう。

⑦ 他者への配慮

 16点以上の人は他者への配慮の高い人、8点以下の人は他者への配慮の低い人、9点以上16点未満の人は平均並みの人といえます。

 職場の人間関係で悩んでいる人の話を聞いていると、「自分」「自

CHAPTER 06 自分の人間関係能力を8つの要素で知る

分」と自分のことばかりを気にかけているように思われます。「先輩たちが自分のことをわかってくれない、誤解されている」「上司が自分のことを正当に評価してくれない」「同僚たちの間で自分は浮いている」などと言います。関心の的は自分自身のみといった感じです。自分のことに精一杯で、他の人のことを顧みる余裕がないのです。

人間というのは、文字どおり「人との間」を生きる存在です。周囲の人たちと、「お互い様の関係」が築けないと、社会生活をうまくこなしていけません。自分に関心を向けてほしいのなら、相手に関心を向けることが必要です。自分のことを理解してほしいなら、相手のことを理解しようと努力すべきでしょう。

社会の中に心地よい居場所をもつためには、周囲の人に関心を向け、周囲の人の立場や気持ちに配慮することが不可欠です。自己中心的な考えを抜け出し、相互関係の機能する世界を手に入れるために、まずは関わりのある人たちに関心を向けることから始めましょう。

⑧ 他者受容

16点以上の人は他者受容の高い人、8点以下の人は他者受容の低い人、9点以上16点未満の人は平均並みの人といえます。

社会というのは、他者の集合体です。他者とうまくやっていかないと社会生活は成り立ちません。そのために不可欠なのが他者受容です。

人のことをああだこうだとこき下ろしてばかりいる人がいます。口を開くと人に対する不満や批判ばかりというタイプです。価値観の合わない人や感受性の合わない人というのは、どこにも

たくさんいるものです。合わない人をいちいち批判していたら、ほとんどの人と対立しなければならないでしょう。能力も人それぞれです。できる人からすれば手を抜いているように見えても、本人としてはそれなりに一所懸命にやっているのかもしれません。

そのあたりをしっかり踏まえているのが他者受容のできている人です。自分が完璧な人間でないのと同じように、だれにも欠点があるし、弱い性質があるものだと心得ています。

自己受容ができていないと、なかなか他者受容ができないということがあります。周りの人たちに対して批判ばかり口にしていた人が、カウンセリングが進行し、自分を受け入れられるようになるにつれて、他者に対して肯定的になっていくことがわかっています。逆に言えば、人に対して批判的なことばかり言っている人は、自分に自信がなく不安定な人ということになります。自分がどっしりと安定してくれば、人に対しても受容的になれるのです。

CHAPTER 7

自分が生きる社会への態度を6つの要素で知る

優秀人材の選抜で重視される社会的知性(3)

CHAPTER 07 自分が生きる社会への態度を6つの要素で知る

社会的知性テスト(3) 自分が生きる社会への態度

以下の各項目について、自分にあてはまる程度を1~5の数字で答えてください。数字は項目番号の前の( )の中に記入しましょう。基準はつぎのとおりです。

1………あてはまらない
2………あまりあてはまらない
3………どちらともいえない
4………ややあてはまる
5………あてはまる

( ) ① 自分の言動に責任をもつという意識は強いほうだ
( ) ② 社会のために役に立ちたいという思いがある
( ) ③ 仕事上の締め切りは必ず守るように心がけている
( ) ④ 自分が思い描く未来は明るい
( ) ⑤ 人をだますようなテクニックを使ってまで成果を上げようとは思わない
( ) ⑥ 人生は楽しいこと・嬉しいことより辛いこと・苦しいことのほうが多いと思う

( ) ⑦ 約束をしても守れないときがある
( ) ⑧ 人類みな兄弟といった感覚はあまりない
( ) ⑨ いつも良い仕事をしたいという気持ちで取り組んでいる
( ) ⑩ 将来のことを考えると暗い気分になる

(　　) ⑪ 成果を出すためにライバルを出し抜くのは仕方ないと思う
(　　) ⑫ まじめに頑張っていれば必ずいつか報われると思う

(　　) ⑬ つい無責任なことを言ってしまうことがある
(　　) ⑭ 人のため、社会のためなどと考えることはあまりない
(　　) ⑮ けっこういい加減なところがある
(　　) ⑯ 自分には明るい未来が開けていると感じる
(　　) ⑰ 人を操作するようなテクニックがもてはやされる風潮には反発を感じる
(　　) ⑱ 自分の人生はどうせろくなものにならないと思う

(　　) ⑲ 自分の役割はどんなに無理をしても果たそうとする
(　　) ⑳ みんなが幸せを感じられる社会にしたいという思いが強い
(　　) ㉑ 成果を上げるためには誠実さを犠牲にしなければならないこともあると思う
(　　) ㉒ 先が見えない不安が強い
(　　) ㉓ 歴史を見ればわかるように、だまし合うのが人間の本性だと思う
(　　) ㉔ いろいろあるけど自分は良い人生を歩んでいると思う

CHAPTER 07

自分が生きる社会への態度を6つの要素で知る

採点表

設問 回答	①	②	③	④	⑤	⑥
1	1	1	1	1	1	5
2	2	2	2	2	2	4
3	3	3	3	3	3	3
4	4	4	4	4	4	2
5	5	5	5	5	5	1

設問 回答	⑦	⑧	⑨	⑩	⑪	⑫
1	5	5	1	5	5	1
2	4	4	2	4	4	2
3	3	3	3	3	3	3
4	2	2	4	2	2	4
5	1	1	5	1	1	5

設問 回答	⑬	⑭	⑮	⑯	⑰	⑱
1	5	5	5	1	1	5
2	4	4	4	2	2	4
3	3	3	3	3	3	3
4	2	2	2	4	4	2
5	1	1	1	5	5	1

設問 回答	⑲	⑳	㉑	㉒	㉓	㉔
1	1	1	5	5	5	1
2	2	2	4	4	4	2
3	3	3	3	3	3	3
4	4	4	2	2	2	4
5	5	5	1	1	1	5

つぎの式に当てはめて、あなたの6つの社会への態度得点を計算しましょう。

①+⑦+⑬+⑲ ＝ [　　　] ……責任感得点

②+⑧+⑭+⑳ ＝ [　　　] ……共同社会感情得点

③+⑨+⑮+㉑ ＝ [　　　] ……誠実さ得点

④+⑩+⑯+㉒ ＝ [　　　] ……未来への信頼得点

⑤+⑪+⑰+㉓ ＝ [　　　] ……倫理観得点

⑥+⑫+⑱+㉔ ＝ [　　　] ……肯定的人生観得点

CHAPTER 07 自分が生きる社会への態度を6つの要素で知る

前ページの得点をグラフ化してみましょう。

生きる社会への態度グラフ

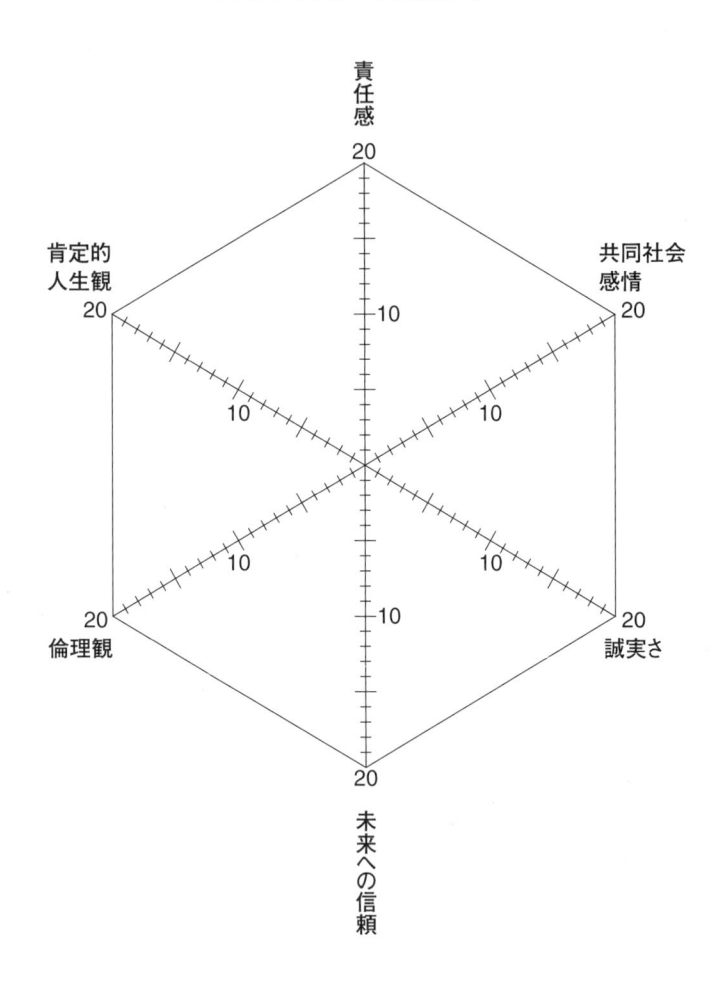

- 責任感
- 共同社会感情
- 誠実さ
- 未来への信頼
- 倫理観
- 肯定的人生観

自分が生きる社会への態度の6つの要素

① 責任感

16点以上の人は責任感の強い人、8点以下の人は責任感の弱い人、9点以上16点未満の人は平均並みの人といえます。

最近の若い世代は甘いといわれる理由のひとつに、義務や責任に裏打ちされない自己主張が増えてきていることがあげられます。義務や責任を果たさない者には自己主張する権利がないというのが筋ですが、そのあたりに甘さが見られるというわけです。

今やっている仕事さえまともにできないのに、「自分にはやりたいことがあるので、別の部署に異動させてもらえませんか」という部下がいて、ほんとに困ったものです、と嘆く管理職の人がいました。今の仕事で成果を出してから、「じつは、自分にはやりたいことがあるので、別の部署に異動させてもらえませんか」というのならわかります。本人にしてみたら、「今の仕事はやりたいことと違うし、自分には合わないから成果が出せないのだ」といった思いがあるのでしょう。でも、そんな言い分は社会では通用しません。合う、合わないは別にして、まずは今やるべきことに全力で向かって成果を出してはじめて希望を申し出る権利が手に入る、というのが自然な流れなはずです。そうでないと、やるべきことをやらずに自分に都合よく自己主張をするしようもないヤツとみなされかねません。

自分の役割を自覚できているかどうかということも重要です。役割には責任が伴います。自分のすべきことは何なのか、何が求

められているのかを明確にしないと、責任を果たすことはできません。

自分の言動に責任をもつということも社会人として非常に重要なことです。自分の言ったことに責任をもち、守れない約束はしないという人は信頼されますが、つい調子の良いことを言ってしまって後で困るといったタイプは信頼されません。

② 共同社会感情

16点以上の人は共同社会感情の強い人、8点以下の人は共同社会感情の弱い人、9点以上16点未満の人は平均並みの人といえます。

私たち人間が社会的動物として、集団の中に自分の居場所をつくって生きていく存在であるかぎり、周囲の人たちに対する仲間意識をもつこと、仲間のためを思う気持ちをもつことは、必要不可欠です。

個人心理学の提唱者アドラーは、共同社会感情というものを非常に重視しました。自己実現の心理学を唱えたマズローも、自己実現的な人間の特徴として、共同社会感情をもっていることをあげています。

引きこもりに代表されるように、社会に背を向ける傾向、つまり非社会的傾向が世の中に急速に広まっています。自分の世界に閉じこもっている人、他人にまったく関心のない人、世の中のことに無関心な人、自分のことで精一杯な人が世に溢れています。

そんな時代だからこそ、共同社会感情をもつ人が切実に求められているのです。自分が良ければいいという人が多数派では、社会は崩壊していきます。みんなの幸せを願って動ける人、社会の

ためといった視点でものを考えることができる人、社会のために役立ちたいという気持ちのある人。そういう人たちが多数派になり、これからの社会を担っていくことが期待されます。

ボランティア精神も根づいてきて、災害が起こると全国からボランティアが駆けつけるようになりました。ビジネスの世界でも、社会をより良い方向にもっていくという視点に立って仕事を進めていく人材が求められています。

③ 誠実さ

16点以上の人は誠実さの強い人、8点以下の人は誠実さの弱い人、9点以上16点未満の人は平均並みの人といえます。

ビジネスの世界で最も大切なのは、仕事に対する誠実さとビジネス・パートナーに対する誠実さです。

ある零細企業でのことです。同業他社では仕事が急減して困っているというのに、その会社は仕事が入ってくる状況に何の変化もないといいます。事情を尋ねてみると、なるほどと思いました。納期は何が何でも守る。もうそんなことはしたくないが、いざというときには徹夜で仕上げたこともある。丁寧な仕事をするというのがモットーで、どんなに急いでいるときも手抜きはしない。万一不具合があったときには、責任をもってやり直す。こうした方針を貫くことで信頼を得てきたため、不景気になって他社の仕事が減っても、この会社への発注は減らないというわけです。

誠実さとは、人とうまくやっていく上で最も大切なものといえますが、それはビジネスにおいてもまったく同じです。いい加減な仕事や手抜きをしていると、多少はごまかすことができても、いつかボロが出て長続きしません。ときに効率が悪かったりして

も、誠実に仕事をやっていれば、わかる人にはわかるものです。

④ 未来への信頼

　16点以上の人は未来への信頼の強い人、8点以下の人は未来への信頼の弱い人、9点以上16点未満の人は平均並みの人といえます。

　バブルがはじけ、右肩上がりの経済成長が終わりを告げて以来、以前のように一所懸命に働けば豊かな暮らしが手に入るといった希望がもてなくなりました。若者たちと話していると、「将来の自分は今の親より生活レベルが低くなると思う」「頑張ってもどうせ報われないよ」といった投げやりな声をよく耳にします。未来に対して閉塞感をもつ若い世代が非常に多いように思われます。

　バブルがはじけて経済成長が止まったのは事実であっても、だから将来に期待できないというのは短絡的すぎるでしょう。将来の生活が良いか悪いかは、単に経済的な要因だけで決まるわけではありません。経済的に裕福ということではなくても、良い仲間に恵まれて楽しい毎日を過ごしているかもしれません。金儲けには縁がなくても、やりがいのある仕事に出会って、日々充実した生活を送っているかもしれません。

　明るい未来が開けていると信じることができれば、その実現に向けて頑張る気力が湧いてきます。その結果、楽しい日々、充実した生活が手に入る可能性が広がります。反対に、未来に希望をもつことができないと、頑張る気力も湧かず、困難にぶつかるとすぐに諦めてしまうため、明るい未来は遠のいてしまうでしょう。

　未来を信頼し、前向きの心構えを持続できる人こそが、明るい

未来を切り開いていけるのです。

⑤ 倫理観

16点以上の人は倫理観の強い人、8点以下の人は倫理観の弱い人、9点以上16点未満の人は平均並みの人といえます。

経済至上主義の中で、人間生活を危機に追い込むさまざまな問題が浮上してきました。環境破壊の問題は、地球温暖化がいよいよ深刻さを増しています。原発問題も、私たちの生活を根底から揺るがしています。老人を食い物にする詐欺も後を絶ちません。経済成長を最優先してきた結果、金のためなら多少のことは許されるといった風潮が広まってしまいました。

環境問題や詐欺のような深刻なものでなくても、トリックじみた説得術や人を操作するテクニックなどがもてはやされるのも、倫理観の乱れといってもよいでしょう。

戦国武将ものが政治やビジネスの世界を生きる人たちの間で大人気です。歴史ブームなどといえば聞こえは良いですが、テレビドラマをみればわかるように、武力をちらつかせての脅し合い、騙し合い、足の引っ張り合いなどの駆け引きだらけ。現代は、その武力が金力に変わっただけ。それではあまりに淋しいではありませんか。倫理観を確立して、志ある事業展開をする人たちが活躍する世の中にしたいものです。そのためにも、倫理観をもった人たちが採用され、登用されるようになってほしいものです。

⑥ 肯定的人生観

16点以上の人は人生の肯定度の高い人、8点以下の人は人生の肯定度の低い人、9点以上16点未満の人は平均並みの人とい

CHAPTER 07 自分が生きる社会への態度を6つの要素で知る

えます。

　どんな年代の人でも人生を振り返ってみれば、楽しかったことや嬉しかったことばかりでなく、辛かったこと、悲しかったこと、腹立たしかったこと、悔やまれることなどがあるものです。良いこともあれば、悪いこともある。期待通りの結果が出ることもあれば、期待外れのこともある。思いがけない不幸に見舞われることもある。それが人生というものです。

　そんな人生経験を踏まえて、肯定的に総括できるか、否定的にしか総括できないかで、今後の人生の展開が大きく違ってきます。

　人生の否定的側面にばかり目を向けるクセがある人は、ああだこうだと愚痴をこぼしたり、自分の不幸や不運を嘆いたりするばかりで、自分の人生はろくなものじゃないといった見方をしてしまいがちです。そうなると、人生に期待することができず、ものごとを好転させるチャンスを見逃してしまいます。悪いことしか起こらない人生というのも現実には想像できません。もっと人生の肯定的な側面にも目を向ける習慣を身につけることが必要です。

　良いことも悪いこともいろいろあったけど、それなりに味わい深い人生だったと思うことができる人。なかなか思い通りにならないが、だからこそより良い人生にすべく、日々精進しなければならないと思う人。イヤなこと、思い通りにならないことがたくさんあったけど、それを乗り越えることで自分は成長してこられたと思える人。そのように人生を肯定できる人は、何があっても前向きに突き進んでいけるでしょう。

CHAPTER 8

自分の健康性を8つの要素で知る

優秀人材の選抜で重視される社会的知性(4)

CHAPTER 08 自分の健康性を8つの要素で知る

社会的知性テスト（4）自分の健康性

　以下の各項目について、自分にあてはまる程度を1～5の数字で答えてください。数字は項目番号の前の（　）の中に記入しましょう。基準はつぎのとおりです。

1………あてはまらない　　　　4………ややあてはまる
2………あまりあてはまらない　5………あてはまる
3………どちらともいえない

（　　）① 困ったときはきっとだれかが力になってくれると思う
（　　）② 自分の弱点は人に知られないように気をつけている
（　　）③ ものごとを多面的に見ずに単純に判断しがちなところがある
（　　）④ 自分のことは何でも自分で決めてきた
（　　）⑤ 自分には良いところがたくさんあると思う
（　　）⑥ どんな逆境もそのうち事態が好転すると思う
（　　）⑦ マニュアルにない事態が生じても、慌てずに自分なりの判断ができる
（　　）⑧ 何ごとも白黒をハッキリつけないと気がすまない
（　　）⑨ 基本的に疑い深く、なかなか人を信用しない
（　　）⑩ だれに対しても自分を取り繕うことはない
（　　）⑪ イヤな出来事からも教訓を読み取ることができる
（　　）⑫ 依存心が強く、何かにつけて人に頼ってしまう
（　　）⑬ 自分はダメな人間だと思うことがある
（　　）⑭ やることをやっていれば、たいていのことはうまくいく気がする
（　　）⑮ 人から頭が固いと言われることがある

(　) ⑯ 成果が出るかどうかわからない仕事には一所懸命になれない
(　) ⑰ たいていの人はこちらが信頼すれば必ずそれに応えてくれると思う
(　) ⑱ 自分を実際以上に見せようとするところがある
(　) ⑲ 思い込みの激しいところがある
(　) ⑳ 自分で決断できずに人に相談することが多い
(　) ㉑ 自分には誇れるものは何もないと思う
(　) ㉒ 何をするにも悪い結果を想像し、ついつい消極的になってしまう
(　) ㉓ ひとつの方法がダメでも、すぐにまた別の方法を考えることができる
(　) ㉔ 物事の手順がしっかり決まっていないと落ち着かない
(　) ㉕ 人の好意には裏があるのではと邪推することがある
(　) ㉖ 人から心の中を見透かされたくないという思いがある
(　) ㉗ 自分の長所や短所をたくさんあげることができる
(　) ㉘ 子どもの頃からあまり親に頼らず自分で考えるほうだった
(　) ㉙ これまで自分はそれなりに頑張ってきたと思う
(　) ㉚ 自分は運が良いほうだと思う
(　) ㉛ 上司から矛盾した指示を与えられても、状況に応じて適当に対処できる
(　) ㉜ 結果がどう出るかわからなくてもプロセスを楽しめる

CHAPTER 08 自分の健康性を8つの要素で知る

採 点 表

設問回答	①	②	③	④	⑤	⑥	⑦	⑧
1	1	5	5	1	1	1	1	5
2	2	4	4	2	2	2	2	4
3	3	3	3	3	3	3	3	3
4	4	2	2	4	4	4	4	2
5	5	1	1	5	5	5	5	1

設問回答	⑨	⑩	⑪	⑫	⑬	⑭	⑮	⑯
1	5	1	1	5	5	1	5	5
2	4	2	2	4	4	2	4	4
3	3	3	3	3	3	3	3	3
4	2	4	4	2	2	4	2	2
5	1	5	5	1	1	5	1	1

設問回答	⑰	⑱	⑲	⑳	㉑	㉒	㉓	㉔
1	1	5	5	5	5	5	1	5
2	2	4	4	4	4	4	2	4
3	3	3	3	3	3	3	3	3
4	4	2	2	2	2	2	4	2
5	5	1	1	1	1	1	5	1

設問 回答	㉕	㉖	㉗	㉘	㉙	㉚	㉛	㉜
1	5	5	1	1	1	1	1	1
2	4	4	2	2	2	2	2	2
3	3	3	3	3	3	3	3	3
4	2	2	4	4	4	4	4	4
5	1	1	5	5	5	5	5	5

つぎの式に当てはめて、あなたの8つの自分の健康性得点を計算しましょう。

①+⑨+⑰+㉕ ＝ [　　　]……基本的信頼感得点

②+⑩+⑱+㉖ ＝ [　　　]……非防衛性得点

③+⑪+⑲+㉗ ＝ [　　　]……認知的複雑性得点

④+⑫+⑳+㉘ ＝ [　　　]……精神的自立性得点

⑤+⑬+㉑+㉙ ＝ [　　　]……自己肯定感得点

⑥+⑭+㉒+㉚ ＝ [　　　]……楽観性得点

⑦+⑮+㉓+㉛ ＝ [　　　]……柔軟性得点

⑧+⑯+㉔+㉜ ＝ [　　　]……あいまいさへの耐性得点

CHAPTER 08 自分の健康性を8つの要素で知る

前ページの得点をグラフ化してみましょう。

自分の健康性グラフ

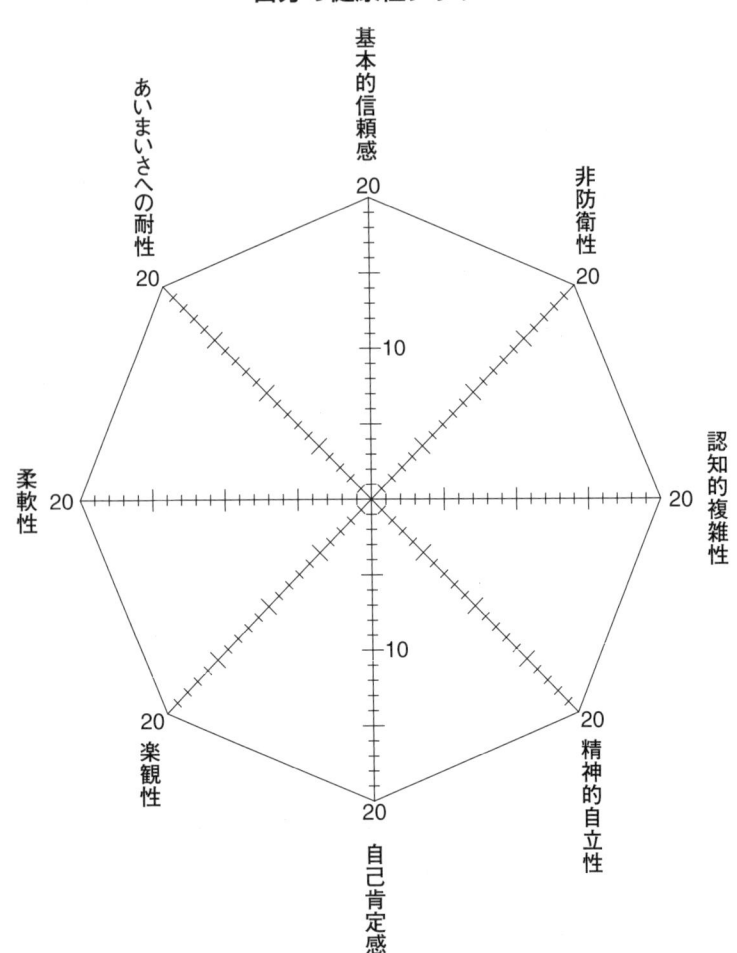

- 基本的信頼感
- 非防衛性
- 認知的複雑性
- 精神的自立性
- 自己肯定感
- 楽観性
- 柔軟性
- あいまいさへの耐性

自分の健康性の8つの要素

① 基本的信頼感

16点以上の人は人生の基本的信頼感の高い人、8点以下の人は基本的信頼感の低い人、9点以上16点未満の人は平均並みの人といえます。

アイデンティティの心理学を確立した精神分析学者エリクソンが、人生の初期に獲得する最も重要なものとみなしたのが基本的信頼感です。人が力強く人生を歩んでいく上で、必要不可欠な基礎力といえます。

基本的信頼感とは、人は自分に対して好意的だ、世界は自分に対して温かい、自分はみんなから愛され歓迎されているといった感覚です。これは、乳幼児期の親子関係を通して身についていくもので、親が未熟で気まぐれだったり、自分のことで精一杯だったり、親としての役割意識が希薄だったりすると、うまく獲得されないことがあります。

基本的信頼感を獲得している人は、人を信頼することができると同時に、自分にも価値を感じることができます。他人や世界を肯定的な目で見ることができます。一方、基本的信頼感が獲得できていない人は、人に対して疑い深く、人の親切にも打算があると邪推したり、人の好意を素直に受けとめられないところがあります。親しくなると、今度は「見捨てられ不安」が頭をもたげ、いつか裏切られるんじゃないか、飽きられてしまうんじゃないかなどといった不安に苛まれます。その背後には、自信のなさ、つ

CHAPTER 08 自分の健康性を8つの要素で知る

まり自分に価値を感じられないということがあります。

自分に価値を感じられるようになるためにも、人との間に信頼関係を築いていくことが大切です。

② 非防衛性

16点以上の人は人生の防衛的でない人、8点以下の人は防衛的な人、9点以上16点未満の人は平均並みの人といえます。

自己受容が大切ということがよく言われます。自己受容ができている人は、人にありのままの自分を知られるのを恐れることがありません。ホンネを隠したり、弱みを必死に隠そうと強がって見せたり、知識をひけらかしたり、知ったかぶりをしたりすることなく、ありのままの自分で人と関わることができます。

ありのままの自分を認めるのがイヤだからといって目を背けている人は、人から自信のなさや不安を見抜かれることを恐れ、必死になって見せかけを取り繕います。自分の弱点を人に知られないように警戒し、強がって見せ、自分を実際以上に見せようと腐心します。その結果、自分を隠そうとする防衛的な態度が目立ち、かえって自信のない人物とみなされてしまいます。

まずは、ありのままの自分を「それでよし」と受け入れることです。だれもが「自分はまだまだ修行が足りない」と感じることがあるものです。「こんな自分ではダメだ」と自己嫌悪に陥ることもあるでしょう。でも、自分の現状をありのままに認めることをしないと、さらなる向上をめざす建設的な動きは出てきません。

③ 認知的複雑性

16点以上の人は認知的複雑性の高い人、8点以下の人は認知

的複雑性の低い人、9点以上16点未満の人は平均並みの人といえます。

　ものごとを多面的に見られるかどうかは、心身の健康度を大きく左右することがわかっています。

　日々の生活の中では、良いことも起こればイヤなことも起こります。認知の単純な人は、良いことがあれば有頂天になり、イヤなことがあれば沈み込み、気分の浮き沈みが激しい傾向があります。人からイヤなことを言われたりすると、ひどく傷つき、怒ったり落ち込んだりします。ちょっとしたことで気分ががらっと変わったりします。

　それに対して、認知的複雑性の高い人は、日々の気分の変動が少ないことがさまざまなデータで裏づけられています。いちいち一喜一憂しない冷静さは、ものごとを多面的に見ることができることと関係しています。人から嫌味を言われても、ひどく感情的になることなく、「何かイヤなことがあったのかな」とか「コンプレックスを刺激しちゃったかな」と軽く受け流すことができます。頑張って作成した企画書が没になっても、落ち込むことなく、至らなかった理由を検討し、次回に活かそうとします。

　自分の特徴をたくさんあげることのできる人は、ストレスに強く、落ち込んだりうつになったりしにくいばかりでなく、風邪もひきにくいことがわかっています。認知的複雑さがクッションになり、イヤなことによる衝撃を和らげるのです。そのために日々のストレスの蓄積が少なく、免疫力が高いため、ウイルスが侵入しても発病しにくいのです。

　ストレスの多いビジネスの世界でタフに生きていくためには、この認知的複雑性は非常に重要な意味をもつ性質といえます。

④ 精神的自立性

16点以上の人は精神的自立性の高い人、8点以下の人は精神的自立性の低い人、9点以上16点未満の人は平均並みの人といえます。

自立心の乏しい若者が増えてきたと言われますが、それには世の中の過保護な風潮が影響していると考えられます。子どもの頃から塾に頼って勉強し、自分で計画を立て、自分で自分を律して勉強に駆り立てるということがありません。かつては大学入試どころか高校入試にさえ親がついていくなどということはあり得なかったのに、今では大学入試の際に親同伴というのもよく見かけるようになりました。ほとんどの大学で、各学期の成績表が、本人に渡されるばかりでなく、親にまで送られてきます。

過保護な環境で育った者は、自分でものごとを判断したり、自己コントロールしたりする能力が育たず、非常に依存的な心の体質になってしまいます。依存心が強く、何かにつけて人に頼る傾向があり、何かにつけて自分で決断できずに人に相談します。精神的自立性が乏しいと、社会人の入口のところでつまずきがちです。どんな職業に就くにしても、最低限必要な基礎力になります。精神的自立性の低い人は、自分で考え判断する習慣をつけるとともに、計画を立てたりやる気に自分を駆り立てるなど自己コントロールの習慣もつけていきましょう。

⑤ 自己肯定感

16点以上の人は自己肯定感の高い人、8点以下の人は自己肯定感の低い人、9点以上16点未満の人は平均並みの人といえま

す。

　自己受容の根底にあるのが自己肯定感です。自分には、評価すべき長所もあれば、どうしようもない短所もある。うまくできたこともあれば、どうにもならなかったこともある。そういった良いところも悪いところも含めて、全体としての自分を肯定的にとらえられるということです。

　自分を振り返れば、だれでも自己嫌悪に陥るものです。そこには、思い出したくない弱い自分がいたり、無能な自分がいたり、怠け者の自分がいたりします。自分には情けない面がある、自分はまだまだ未熟で発展途上の人間だということを認めた上で、それでも精一杯生きてきたし、それなりに頑張っている。そんな自分を認めてあげてもいいじゃないか。そういった感じに自己肯定できれば、前向きに生きていく力が湧いてきます。

　自己肯定感の低い人は、理想自己に振り回されないことが大切です。理想はあくまでも理想であって、現実よりはるかに上に描くものです。それと比べて今の自分が劣っていて当然なわけで、だからといって自己嫌悪する必要はありません。理想自己を高く掲げるだけ向上心のある自分を評価することもできるはずです。まだまだ至らない点の多い発展途上の自分が、成長をめざして未熟ながらも頑張っている。そんな健気な自分を認めてあげましょう。

⑥ 楽観性

　16点以上の人は楽観性の高い人、8点以下の人は楽観性の低い人、9点以上16点未満の人は平均並みの人といえます。

　オプティミスト（楽観主義者）は成功するといわれますが、その理由はものごとを楽観的にみることによって積極的に行動でき

るということがあります。先が読めない場合も、「何とかなるさ」「やればきっとうまくいく」と楽観視することで、前向きに取り組むことができます。たとえ困難な状況に陥っても、「そのうち事態は好転するはず」「悪いことはそう長く続かない」と楽観的な信念をもつことで、諦めたり落ち込んだりせずに粘り強く運命を切り開いていくことができます。

その反対に、ペシミスト（悲観主義者）はものごとを悲観的にみるために、自ら成功のチャンスを狭め、事態を悪化させてしまう傾向があります。「どうせダメだ」「うまくいくわけない」と諦めの気持ちが強いため、形だけやっているような感じになって、やってみる前から失敗が見えてしまいます。困難にぶちあたると、「どうにもならない」「もうお終いだ」と悲観するため、粘ることすらできずに諦めてしまいます。そうなると、嘆いたり落ち込んだりするばかりで、建設的な行動を取ることができません。

結局、ものごとがうまくいくかどうか、逆境を乗り越えられるかどうかは、ものごとそのもの、逆境そのものによって決まるのではなく、本人の受けとめ方によって決まるのです。ものごとの成否も、逆境を乗り越えられるかどうかも、楽観的に受けとめて積極的かつ粘り強く行動できるかどうかにかかっているのです。

自分の置かれた状況そのものをいきなり変えることはできませんが、楽観的に受けとめることで状況を切り開いていくことができます。楽観性の低い人は、ものごとの肯定的な面に目を向け、自分の幸運を信じるように心がけましょう。やってみる前から諦めるクセも捨てて、「やってみなければわからない」「行動しているうちに状況も変わるから、まずは動いてみよう」というフットワークの軽さを身につけるようにしましょう。

⑦ 柔軟性

 16点以上の人は柔軟性の高い人、8点以下の人は柔軟性の低い人、9点以上16点未満の人は平均並みの人といえます。

 「言われたことしかやらない指示待ち人間が多くなって困る」「マニュアル人間が増えて臨機応変の対応ができる人材が少なくて現場で混乱が生じて困る」といった声をよく耳にします。多くの職場において、自分から動ける人材、臨機応変に行動できる人材を育てるには、どうしたらよいかが深刻な課題になっているのです。

 ものごとをマニュアルどおりに進めるのは、機械やロボットでもできます。自動販売機や改札口の券売機がその典型です。機械やロボットではうまく対応できないことがあるからこそ、わざわざ人間を雇うわけです。人間を雇うからには、決められたことをマニュアルどおりに正確にこなすだけでなく、相手とコミュニケーションを交わしながら想像力を働かせることが求められているのです。

 相手が何を求めているのか、相手がどういう立場でものを言っているのかに想像力を働かせ、自分の立場と引き合わせて、どうすれば双方にとって納得のいく方向にもっていけるかを考える。矛盾する複数の指示が出たとしても、リスクを最小にしつつ顧客の満足を最大にするには、今のこの状況ではどうするのか最も適切かを判断する。そのような思考法を鍛えることを意識しながら仕事をしていれば、徐々に柔軟性が磨かれていくでしょう。

⑧ あいまいさへの耐性

16点以上の人はあいまいさへの耐性の高い人、8点以下の人はあいまいさへの耐性の低い人、9点以上16点未満の人は平均並みの人といえます。

人間にはいろいろな面があります。同じ友だちにも、気の合う面もあれば、ちょっと合わないなと思わざるを得ない面もあります。前は味方してくれた人が、今度は批判的なことを言ってくるということも起こり得ます。そんなとき、あいまいさに耐えられない人は、「気の合う相手か、合わない相手か」「味方なのか、敵なのか」白黒をハッキリつけないと気が済まないようなところがあります。でも、そんなことをしていたら、いろいろな人と共同していかなければならないビジネスの世界を生き抜くことはできません。

また、何ごとも絶対にうまくいくなどということはありません。結果が出てみないと、どうなるかわからない。それが現実です。とくに技術革新が止まるところを知らず、社会システムも人々のライフスタイルも絶え間なく変わっていく変動の激しい現代では、先を読むのはほとんど不可能です。そんな時代にも力を発揮し成果を出していくには、あいまいな状況にも耐えて頑張り続ける力が求められます。

あいまいさへの耐性が低く、成果が確実な仕事でないとやる気がしないというタイプだと、なかなか活躍の場が得られません。今の時代を生き抜くには、結果がどう出るかはわからなくても、とりあえず目の前の課題に集中し、全力で取り組む姿勢が必要です。結果を気にせずに、プロセスそのものを楽しむようにしていきましょう。

CHAPTER 9

エゴグラムを使ってあなたの対人関係の特徴を探る

職場の人間関係や顧客との良い関係のつくり方

CHAPTER 09

エゴグラムを使ってあなたの対人関係の特徴を探る

職場の人間関係や取引先との交渉、顧客との関係づくりなど、ビジネスシーンの多くが対人関係に大いに左右されます。そこで、自分の対人関係の特徴を把握しておくことが必要となります。
そうはいっても、自分のこととなるとなかなかわからないものです。血液型や星座で自分の性格を占うのが大流行なのも、自分自身のことはよく見えないからです。

自分の成功シーン、失敗シーンをチェック

　自分自身の対人関係の特徴を探るために、日頃の人間関係を振り返ってみましょう。
　まずは人間関係でうまくいったビジネスシーンを思い浮かべましょう。初めて担当した取引先との良好な関係が築けたときのこと。顧客に喜んでもらえたときのこと。同僚から頼りにされて嬉しかったときのこと。他の部署の同期からも信頼されているみたいで、相談を受けることがよくあること。上司にわりと気に入ってもらっていること。そのような成功シーンを並べてみることで、自分の対人関係の強みとなる特徴が浮かび上がってきます。
　たとえば、自分は人から頼られることが多いということがわかったり、相手の気持ちを満足させてあげて喜ばれることが多いようだということがわかったりします。
　つぎに、人間関係でつまずいたビジネスシーンを思い浮かべてみましょう。取引先の新規開拓で担当者と気まずくなってしまったときのこと。担当していた顧客を怒らせてしまったときのこと。

同僚との関係がちょっとした行き違いでこじれてしまったときのこと。同じ部署の先輩から睨まれているようで、意地悪なことを言われてイヤな思いをしたときのこと。上司からどうも良く思われていないように感じること。そうした失敗シーンを並べてみることで、自分の対人関係の弱みとなる特徴が浮かび上がってきます。

たとえば、自分はいつも似たようなパターンで失敗することが多いということに気づいたりします。失敗パターンがわかれば、改善する方向性が見えてきます。

では、あなたの成功パターンや失敗パターンが見えてきたとして、それはあなた自身のもつどんな要素が引き起こしているのでしょうか。あなたの性格にその原因があると考えられますが、それは容易には解明できません。そんなときに便利なのが性格テストです。

自分の対人関係のパターンに影響している自分の性格的特徴を知るには、対人関係に焦点づけた性格テストが役に立ちます。ここではエゴグラムを使って、あなたの対人関係を左右している性格的な特徴を探っていきましょう。

CHAPTER 09

エゴグラムを使ってあなたの対人関係の特徴を探る

エゴグラムテスト

以下の各項目について、自分にあてはまる程度を1～5の数字で答えてください。数字は項目番号の前の（ ）の中に記入しましょう。基準はつぎのとおりです。

1………あてはまらない
2………あまりあてはまらない
3………どちらともいえない
4………ややあてはまる
5………あてはまる

(   ) ① 批判的なことをよく言う
(   ) ② 人に対して親切である
(   ) ③ 綿密な計画を立てるのが好きだ
(   ) ④ 衝動的なところがある
(   ) ⑤ 優柔不断でなかなか決断できない
(   ) ⑥ 頑固で融通がきかないところがある

(   ) ⑦ お節介なところがある
(   ) ⑧ たいてい冷静に行動できる
(   ) ⑨ 気持ちが表情に出やすい
(   ) ⑩ 自分を抑えて人に合わせるほうだ
(   ) ⑪ 自分の考えを人に押しつけるようなところがある
(   ) ⑫ 人を批判するよりほめることが多い

( ) ⑬ 疑問点は明らかにしないと気がすまない
( ) ⑭ 言いたいことは遠慮なく言うほうだ
( ) ⑮ 自信がもてず、おどおどしたところがある
( ) ⑯ 人の不正や怠慢には厳しいほうだ
( ) ⑰ 情に流されやすい
( ) ⑱ 損得を考えて行動するところがある

( ) ⑲ わがままなところがある
( ) ⑳ 言いたいことを言えずに後悔することが多い
( ) ㉑ 人を引っ張っていくほうだ
( ) ㉒ 人に対して甘いところがある
( ) ㉓ 抜け目ないところがある
( ) ㉔ 冗談を言ったりふざけることが多い
( ) ㉕ 人に対して素直なほうだ

CHAPTER 09

エゴグラムを使ってあなたの対人関係の特徴を探る

採点表

回答＼設問	①	②	③	④	⑤	⑥
1	5	5	1	1	1	1
2	4	4	2	2	2	2
3	3	3	3	3	3	3
4	2	2	4	4	4	4
5	1	1	5	5	5	5

回答＼設問	⑦	⑧	⑨	⑩	⑪	⑫
1	5	1	5	1	1	5
2	4	2	4	2	2	4
3	3	3	3	3	3	3
4	2	4	2	4	2	4
5	1	5	1	5	5	1

回答＼設問	⑬	⑭	⑮	⑯	⑰	⑱
1	5	1	1	5	1	1
2	4	2	2	4	2	2
3	3	3	3	3	3	3
4	2	4	4	2	4	4
5	1	5	5	1	5	5

設問回答	⑲	⑳	㉑	㉒	㉓	㉔	㉕
1	1	5	5	5	5	1	1
2	2	4	4	4	4	2	2
3	3	3	3	3	3	3	3
4	4	2	2	2	2	4	4
5	5	1	1	1	1	5	5

つぎの式に当てはめて、あなたの5つのエゴグラム得点を計算しましょう。

①＋⑥＋⑪＋⑯＋㉑ ＝ [　　　　]……父性得点

②＋⑦＋⑫＋⑰＋㉒ ＝ [　　　　]……母性得点

③＋⑧＋⑬＋⑱＋㉓ ＝ [　　　　]……現実性得点

④＋⑨＋⑭＋⑲＋㉔ ＝ [　　　　]……奔放性得点

⑤＋⑩＋⑮＋⑳＋㉕ ＝ [　　　　]……従順性得点

CHAPTER 09 エゴグラムを使ってあなたの対人関係の特徴を探る

エゴグラム・プロフィール

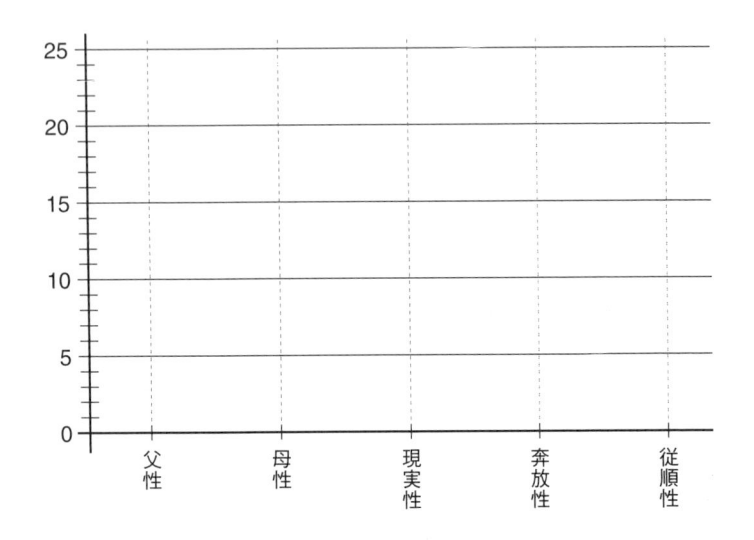

```
25 ┤
20 ┤
15 ┤
10 ┤
 5 ┤
 0 ┼────┬────┬────┬────┬────
   父性  母性  現実性 奔放性 従順性
```

　5つの心の得点をグラフ化したものをエゴグラムと言います。

　エゴグラムを作成すれば、あなたの5つの心のバランスが一目瞭然です。そこに見られる偏りがあなたの対人関係に影響している個性です。

　どの心がとくに強くて、どの心がとくに欠けているといった特徴を知ることで、日頃の対人関係によく見られるパターンのメカニズムを解明することができます。

　さらには、個々の心の強さ・弱さを単独でみるだけでなく、その組み合わせを見ていくことで、自分の対人関係のパターンをより深く理解することができます。

だれもが5つの心をもっている

　人間関係のパターンを分析する交流分析を創始した精神医学者バーンの理論をもとに、その弟子デュセイが考案したのがエゴグラムです。エゴグラムは、5つの心の強弱をグラフ化したものです。

　人間はだれでも5つの心をもっている。それが交流分析の基本です。5つの心というのは、「批判的な親の自我状態」「養育的な親の自我状態」「大人の自我状態」「自由な子どもの自我状態」「順応した子どもの自我状態」の5つです。

　このままの用語を使うとわかりにくいので、それぞれの内容を端的に表すことばに言い換えましょう。

　親の自我状態は、「親心」と言い換えることができます。親心には2つの側面があります。すなわち、親の子に対する心には、厳しさをもって鍛えるという面と優しさをもって保護するという面の両面があります。一般に、前者を「父性」、後者を「母性」ということができます。そこで、「批判的な親の自我状態」を「父性」、「養育的な親の自我状態」を「母性」と呼ぶことにします。

　「大人の自我状態」は、「大人心」と言い換えることができます。大人にとっての課題は、現実社会に適応することです。ゆえに、大人心の担う機能は、現実社会への適応を促すことです。そこで、「大人の自我状態」を「現実性」と呼ぶことにします。

　「子どもの自我状態」は、「子ども心」と言い換えることができます。子ども心にも2つの側面があります。子どもはまだ十分に社会化（しつけ）されていないため、欲求のままに動き回る自由

CHAPTER 09 エゴグラムを使ってあなたの対人関係の特徴を探る

奔放な面があります。それと同時に、子どもは親の保護下でないと生きられないため、親の顔色を窺ったり、親の言うことをきく従順な面ももっています。前者を「奔放性」、後者を「従順性」ということができます。そこで、「自由な子どもの自我状態」を「奔放性」、「従順な子どもの自我状態」を「従順性」と呼ぶことにします。

したがって、5つの心は「父性」「母性」「現実性」「奔放性」「従順性」ということになります。

それでは、これら5つの心の特徴を見ていきましょう。

① 父 性

父性とは、人を導き鍛える厳しい心のことです。命じたり、励ましたり、すべきことに向けて駆り立てたり、叱ったり、罰したりすることで、人を厳しく鍛えようとする心をさします。

父性得点が20点以上なら厳しさをもった父性の強い人、10点以下なら厳しさの欠けた父性の弱い人、11点以上20点未満の人は平均並みの人ということになります。

② 母 性

母性とは、人を温かく包み込む優しい心のことです。人の気持ちに共感したり、慰めたり、過ちを許したり、保護するなど、善悪を超えて人を丸ごと受け入れようとする心をさします。

母性得点が20点以上なら優しさが溢れる母性の強い人、10点以下なら優しさの足りない母性の弱い人、11点以上20点未満の人は平均並みの人ということになります。

③ 現実性

社会適応を促す現実的な心のことです。目の前の状況を適確に把握し、客観的情報に基づいてものごとを冷静に判断して、現実に対して効果的に対処しようとする心をさします。

現実性得点が20点以上なら冷静沈着な現実性の強い人、10点以下なら冷静さが足りない現実性の弱い人、11点以上20点未満の人は平均並みの人ということになります。

④ **奔放性**

何ものにも縛られない自由奔放な心のことです。思ったままを無邪気に表現し、自発的に動き、ときにわがままに振る舞うなど、天真爛漫で活力に溢れた心をさします。

奔放性得点が20点以上なら何ものにも縛られない奔放性の強い人、10点以下なら自発性の欠けた奔放性の弱い人、11点以上20点未満の人は平均並みの人ということになります。

⑤ 従順性

人に素直に従う心のことです。人の言うことを素直にきいたり、人の顔色を窺ったり、権威や命令に従ったり、自分の意見や気持ちを抑えて人に合わせようとする心、協調的であると同時に消極的な心をさします。

従順性得点が20点以上なら素直で周囲に合わせる従順性の強い人、10点以下なら素直さや協調性が足りない従順性の弱い人、11点以上20点未満の人は平均並みの人ということになります。

CHAPTER 09 エゴグラムを使ってあなたの対人関係の特徴を探る

5つの心の組み合わせ

つぎに、5つの心の組み合わせを見ていきましょう。

① 父性が強いケース

父性の強い人は、人を鍛え、引っ張っていく雰囲気をもっています。

父性が強く、現実性も強い場合は、人を鍛えたり引っ張っていったりするタイプであり、現実感覚も発達しているため、リーダー的な性格をもつ人物といえます。これに加えて母性も適度にあれば、面倒見の良さもあるため、親分肌・姉御肌の頼りがいのある人物ということになります。さらに奔放性も適度にある場合は、親しみやすい上に面倒見がよく頼りがいのある人物ということになります。

一方、父性と現実性が強くて、母性や奔放性が弱い場合は、たとえ頼りがいがあったとしても、怖い感じで取っつきにくく近寄りがたい人物ということになります。

父性ばかりが強い場合は、ただの威張りたがりとみなされかねません。

② 母性が強いケース

母性の強い人は、温かな雰囲気で人を包み込むため、周囲の人の気持ちを和らげます。

母性に加えて奔放性も適度にあれば、明るくて親しみやすい上に、面倒見のよい人物ということになります。さらに現実性も適

度にある場合は、気安く相談できて頼りがいのある人物ということになります。

ただし、母性に加えて従順性も強く、奔放性が弱い場合は、人に気遣い、人の顔色を窺って自分を抑えるばかりなため、不満を溜め込み、うじうじして愚痴っぽい人物ということにもなりかねません。

③ 現実性が強いケース

現実性が強い人は、現実感覚が優れているので、社会適応がよく、ビジネスでも人間関係でも無難な行動を取ることができます。仕事のパートナーとしては、頼りになる人物ということになりがちです。

ただし、母性や奔放性が弱い場合は、温かみや親しみやすさが欠けるため、その冷静さばかりが目立ち、抜け目のない人物として警戒されることにもなりかねません。冷徹に見られがちなのは、そのタイプです。人との間に距離を置き、親しく交わることがないため、たとえ有能さを発揮したとしても、集団の中では孤立しがちです。

④ 奔放性が強いケース

奔放性の強い人は、考え方も感情表現も自由で、思いのままに行動するため、それが良い方向に発揮されれば、イキイキした魅力ある人物ということになります。ユーモアのある面白い人物、既成観念にとらわれない発想の豊かな人物などが、そのタイプです。

奔放性に加えて、母性や従順性も適度にあれば、場を盛り上げ、

親密な雰囲気を醸し出すことのできる不思議な魅力のある人物ということになりがちです。

ただし、奔放性が良くない方向に発揮されてしまうと、自分勝手でわがままな面をそのまま押し出すために、敬遠されがちです。たとえ発想が面白く、イキイキした魅力があったとしても、身近には関わりたくない人物ということになりかねません。

⑤ 従順性が強いケース

従順性の強い人は、その素直で控えめなところが周囲の人たちに好感を与えます。自己主張をせずに、周囲に合わせ、協調的に振る舞うため、ビジネスでもプライベートでも対人関係上のトラブルを生じることはあまりありません。

ただし、人に気を遣いすぎるため、その遠慮深さが親密な関係をつくる妨げになったり、影の薄さが魅力を感じさせにくくする面もあります。

従順性ばかりが強いケースでは、ちょっと見ると控えめで好感のもてる人物ではあっても、自分を抑えて溜め込むものが多すぎるため、うじうじしたところが感じられることもあります。身近につきあうと不満や愚痴が多くて閉口するということにもなりかねません。

また、溜め込みすぎて、あるときそれが限界を超えて爆発するということもあり得ます。いつも控えめでおとなしい人物が、突然キレて周囲をアッと驚かせるというようなことがありますが、それはこのタイプの特徴が悪い方向に出てしまったケースとみなすことができます。

CHAPTER **10**

あなたの心の中に潜む
価値観を探る

自分の価値観に合わない仕事は続かない

CHAPTER 10 あなたの心の中に潜む価値観を探る

強みと価値観が一致しないとき

　マネジメントの父と呼ばれるドラッカーは、自分自身をマネジメントするには、自分が何に価値を感じるかを知らなければならないと言います。

　自分の強みを知り、自分が得意な領域で勝負することが大切だということは、ドラッカーも強調しています。これまでの仕事経験を振り返って、自分が得意なのはどんなことかを知ること。他の人には難しくても自分には比較的簡単にできることは何かを考えてみること。自分の強みを明らかにして、その強みに集中すること。そうすることによって、仕事で成果を上げられる人材になっていきます。

　ただし、強みが価値観と一致しないこともあります。自分が得意な領域で能力を発揮し、成果を上げていても、どうもしっくりこない。満足感がない。価値あることをやっている気がしないということがあります。

　たとえば、何らかの商売で才覚を発揮し、収益を拡大中で、大成功している。でも、何か物足りない。何かスッキリしない。自分の進むべき道を進んでいるといった感じがしない。そこで問われるのは価値観です。この人の場合、社会のためになることをしているという実感がないことが引っ掛かっていたようです。商売が成功すれば良いというわけではなかったのです。自分の仕事に価値を感じられないと、いくら仕事でうまくいっても、自分の仕事という感じにはならないのです。

何よりも自分自身の価値観を重視する

　強みを発揮し、仕事で成果を上げているのに、どうも自分の仕事をしているという気がしない。そんなときは価値観を重視することが大事です。自分が納得のいく人生でないと後で後悔することになります。

　ドラッカー自身も、証券アナリストとして力を発揮し、顧客も会社も儲けさせ、自らも高収入を得ていましたが、何かスッキリしないものを感じていました。そして、自分がほんとうに関心をもっているのは金の動きではなく人間なのだということに気づいて、証券アナリストの仕事を辞めました。その結果、マネジメントの生みの親となり、大成功したのです。

　自分の価値観に合わない仕事でいくら力を発揮しても、満足にはつながりません。得意なことが必ずしも適職につながるとは限らないのです。大事なのは自分の価値観に合った仕事で自分の強みを発揮することです。そのためには、自分自身の価値観を知っておく必要があります。

　では、あなたは何に価値を感じるタイプなのかをチェックしてみましょう。

CHAPTER 10 あなたの心の中に潜む価値観を探る

価値観テスト

以下の各質問に対して、自分に最も近い回答を(ア)～(オ)の中から1つ選んで各質問の前の( )の中に記入しましょう。

( ) ①懇親会で知り合って話すとしたら、どんな相手が良いですか
　　　(ア) 知的な雰囲気のある人
　　　(イ) 素晴らしい肩書きをもっている人
　　　(ウ) 一緒にいて気持ちが和む雰囲気の人
　　　(エ) センスの良さが漂っている人
　　　(オ) 事業で成功している人

( ) ②あなたにとって一番価値があるのは、つぎのうちどれですか
　　　(ア) ステイタス(地位・権力)を得ること
　　　(イ) 財を築くこと
　　　(ウ) 親しい人間関係をつくること
　　　(エ) インテリジェンス(知性)を高めること
　　　(オ) センスを磨くこと

( ) ③就職の際に、あなたはつぎのうちどんな条件をとくに気にしますか
　　　(ア) 人間関係がギスギスしていないか
　　　(イ) クリエイティブな仕事ができそうか
　　　(ウ) 出世コースを上っていけそうか
　　　(エ) 将来にわたって十分な収入が得られそうか
　　　(オ) 専門知識を活かしていけそうか

( ) ④つぎのうちどの人物に最も興味を覚えますか
  （ア）ピカソ　　　　（エ）スティーブ・ジョブズ
  （イ）ニーチェ　　　（オ）ジョージ・ワシントン
  （ウ）マザー・テレサ

( ) ⑤つぎのような入門書があったら、まず手に取るのは
  どれですか
  （ア）美をデザインする方法
  （イ）成功する蓄財の方法
  （ウ）論理的思考の原理
  （エ）組織マネジメントの原理
  （オ）人と自然に優しい社会の実現法

( ) ⑥あなたは自分を悪く言うと、つぎのどれが最も近い
  ですか
  （ア）理屈っぽいタイプ　（エ）偉ぶるタイプ
  （イ）遊び人タイプ　　　（オ）ケチでせこいタイプ
  （ウ）群れたがるタイプ

( ) ⑦あなたは良く言えば、つぎのどれが最も近いですか
  （ア）商機を機敏にとらえるタイプ
  （イ）博愛的で心の広いタイプ
  （ウ）ものごとを理路整然と考えるタイプ
  （エ）影響力をもつタイプ
  （オ）美的センスの溢れるタイプ

CHAPTER 10 あなたの心の中に潜む価値観を探る

( ) ⑧あなたが社内の会議で組織としての方針を決める際に最も重視するのは、つぎのうちどれですか
　　　　（ア）美意識（組織としての品格が保たれるかどうか）
　　　　（イ）公平性（それによって不利な立場になる人がいないかどうか）
　　　　（ウ）トップの意向（組織のトップの方針にふさわしいかどうか）
　　　　（エ）合理性（その理屈が正しいかどうか）
　　　　（オ）経済性（それによって経済効果が見込めるかどうか）

( ) ⑨あなたはつぎのうちどの言葉が好きですか
　　　　（ア）真理　（イ）富　（ウ）美　（エ）愛　（オ）力

( ) ⑩あなたに一番備わっていると思うのはつぎのどれですか
　　　　（ア）人を思い遣る心　　　（エ）説得力や指導力
　　　　（イ）感覚的なひらめき　　（オ）現実的な判断力
　　　　（ウ）論理的な思考力

( ) ⑪あなたはつぎのうちどの職業に最も関心がありますか
　　　　（ア）芸術家　（ウ）カウンセラー　（オ）実業家
　　　　（イ）研究者　（エ）政治家

( ) ⑫あなたはつぎのどれに最も時間を使いたいですか
　　　　（ア）知識を増やし深めるための読書
　　　　（イ）趣味としてのちょっとした創作活動
　　　　（ウ）財産を殖やすためのマネープラン
　　　　（エ）ネットワークを広げるための社交

　　　　（オ）プライベートな友だちづきあい
（　）⑬あなたのお金の使い方の特徴に最も近いのは、つぎ
　　　のうちどれですか
　　　　（ア）必要と思えば、奢ったり接待したりする
　　　　（イ）気に入ったら高価なものでも無理して買うことがある
　　　　（ウ）無駄遣いはしないが、細かく計算はしていない
　　　　（エ）人づきあいに使うことが多い
　　　　（オ）無駄遣いのないように計画的に使う
（　）⑭あなたは人生というのはどのようなものだと思いま
　　　すか、つぎのうちから最も近いものを選んでください
　　　　（ア）どれだけ美しい生き方を貫けるかが問われる場だ
　　　　（イ）人間のあり方について教えてくれる場だ
　　　　（ウ）結局はお金がものをいう世界だ
　　　　（エ）権力を巡る闘争の場だ
　　　　（オ）愛と友情に彩られた温かな世界だ
（　）⑮あなたにとって理想的な生活に最も近いのは、つぎ
　　　のうちのどれですか
　　　　（ア）知的刺激に溢れた生活
　　　　（イ）経済的に豊かで安定した生活
　　　　（ウ）美や芸術が身近に感じられる生活
　　　　（エ）ある程度の社会的地位が伴った生活
　　　　（オ）愛情や友情に恵まれた楽しい生活

CHAPTER 10 あなたの心の中に潜む価値観を探る

採 点 表

回答＼設問	①	②	③	④	⑤
ア	a	b	c	d	d
イ	b	e	d	a	e
ウ	c	c	b	c	a
エ	d	a	e	e	b
オ	e	d	a	b	c

回答＼設問	⑥	⑦	⑧	⑨	⑩
ア	a	e	d	a	c
イ	d	c	c	e	d
ウ	c	a	b	d	a
エ	b	b	a	c	b
オ	e	d	e	b	e

回答＼設問	⑪	⑫	⑬	⑭	⑮
ア	d	a	b	d	a
イ	a	d	d	a	e
ウ	c	e	a	e	d
エ	b	b	c	b	b
オ	e	c	e	c	c

自分の価値観に合わない仕事は続かない

　〇で囲んだa〜eの数を数えましょう。全部で15個に〇がついているはずです。

　あなたの価値観得点は、つぎのようになります。

　　aの数：[　　　　　]個………論理型得点

　　bの数：[　　　　　]個………政治型得点

　　cの数：[　　　　　]個………社会型得点

　　dの数：[　　　　　]個………審美型得点

　　eの数：[　　　　　]個………経済型得点

どの得点が高くなりましたか。最も得点が高いのが、あなたの価値観を反映しているタイプということになります。実際には、複数のタイプの得点が高めになっていることが多く、複合型とみなせる人が多いようです。

CHAPTER 10 あなたの心の中に潜む価値観を探る

価値観の5つのタイプ

　人生においてとくに何が価値があると考えるか、何に価値を置いて生きているか、それが価値観の問題です。価値観が違えば、重要視することがらが違う。ものごとの優先順位が違う。ものごとから汲み取る意味が違う。つまり、生き方が違ってきます。個人のもつ価値観を知れば、その人のとる行動の意味を読み解くことができます。

　教育学者であり心理学者でもあるシュプランガーは、人生を構成する主要な要素を6つ抽出し、その中のどれをとくに重視するかによって、人間を6つのタイプに分けました。それが有名な価値観による類型です。それは、理論型、政治型、社会型、審美型、経済型、宗教型の6類型です。この中の宗教型は、現在の日本の現実、そしてキャリア形成の実践にあまり馴染まないところがあるので、ここではこれを除いた5つの類型を使うことにしました。各類型の特徴は以下のとおりです。

① 理論型

　真理の探究、ものごとの道理を知るといった抽象的な課題に惹かれるタイプで、論理的な整合性に価値を置きます。

　このタイプは、ものごとを理解したい、論理的に理解したいといった欲求を強くもっています。ビジネスも人間関係も論理的に納得のいくように進めることを好むため、理屈に合わないことを嫌います。理屈が正しいかどうかが重要な行動規範になるため、理屈にかなっていれば納得します。論理的に理解できればスッキ

りします。

　このタイプにとって、理屈が通らない人は腹立たしい存在になります。理屈で納得できない仕事をやらされることに対しては、非常に苦痛を感じます。

　しかし、人間は理屈のみで動くわけではありません。人間には理屈よりも感情で動く面があります。たとえば、正しいか正しくないかといった理屈でなく、好意とか同情といった正の感情や悔しさとか嫉妬といった負の感情で動くところがあります。そのあたりに疎いこのタイプは、社会型のように相手の気持ちに配慮することができず、経済型や政治型のように相手を操作的に扱ったり交渉力を発揮することもできないため、現実生活では要領よく立ち回ることができず、歯がゆい思いをすることも多くなりがちです。

　そもそも理屈はわかっていても理屈通りに動けないのが人間です。さぼるのはずるいとわかっていても、ついさぼってしまう。嫉妬は醜いとわかっていても、嫉妬の気持ちを抑えられない。そのあたりをわきまえていないと、融通の利かない堅苦しい人物とみなされたり、人間味のない冷徹な人物とみなされたり、遊び心の乏しい面白味のない人物とみなされたりして、敬遠されかねません。

　さらに言えば、理屈通りにいかないのが現実です。予測通りにならないのが現実です。このタイプは何でも理詰めで考えようとしますが、やってみなければわからないということのほうが多いのが現実です。考えてばかりいないで行動してみることも大切です。行動することで見えてくるもの、わかってくることがあるものです。

CHAPTER 10 あなたの心の中に潜む価値観を探る

② 政治型

　世の中のあらゆることがらを支配ー被支配の構図でとらえようとするタイプで、権力の獲得に価値を置きます。

　このタイプは、人を動かしたい、組織を動かしたいという欲求を強くもっています。自分の思うように人や組織を動かすときの手応えが堪らないのです。

　人や組織を動かすためには、人の上に立たねばなりません。組織の階層を這い上がっていかなければなりません。当然のことながら競争心が強く、周囲の人たちをライバルとみなし、有能な相手には闘争心を燃やします。権力の追求があらゆる行動の背後の原理として機能しており、人生を闘争の場とみなし、常に勝利者であることをめざします。強大なライバルの出現は大きな脅威となります。

　このタイプにとって、自分より権力をもつ人物は、闘うべきライバルであると同時に、利用すべき相手だったりします。したがって、相手との力関係によって関わり方を調整したり、利用価値によって人間関係を取り結ぼうとする傾向があります。自分が権力をつかむためには、自分より上の権力者の力を借りることも当然あります。

　反対に、権力をもたない人物、利用価値のない人物とのつきあいに時間や労力をかけるのは無駄として軽んじる傾向があります。そうした打算的なところがあるため、利害で結びつく人間関係に囲まれ、ある意味でとても淋しい世界に生きているともいえます。自分が権力を失ったとき、みんな去っていき、真の友だちがいないことに気づく。そんな人生にしないように、自分の中の

人間的な面を開発し、心の通い合うつきあいをもつようにすることも大切です。

　権力をもっているからと安心はできません。力関係で動く面が人間にあるのは間違いありません。権力関係で自分より上にいる人物からの命令や要求に対しては、納得できなくても従わなければならないというのは、よくあることです。ただし、いやいや従わさせられる側の心の中には、やりきれない思い、割り切れない思いが残るものです。そうした人間心理を配慮せず強引に権力を行使する場合は、思わぬしっぺ返しを食らうことにもなりかねません。やはり人間は気持ちで動くということを忘れないようにしたいものです。

③ 社会型

　他人に対する関心が強く、人と助け合ったり、愛し合ったりすることに喜びを感じるタイプで、友愛に価値を置きます。

　このタイプは、友情や愛情を大切にして人と共に生きたいという欲求を強くもっています。他人に対する温かい心遣いが、あらゆる行動を貫いています。周囲の人たちに対する関心が強く、共感性が豊かで、何の見返りもなくても人のために動くことができます。

　このタイプにとっては、人との関わりそのものが重要な意味をもちます。人間関係を目的達成のための手段として利用しがちな政治型や経済型とは対照的に、利害を超えた交わり、信頼関係に基づいたつきあいを大切にします。ゆえに、人を利用価値で判断し、人脈づくりに余念のない政治型にはとくに強い反発を示します。

CHAPTER 10 あなたの心の中に潜む価値観を探る

　自分だけのことを考えるのでなく、相手のことを考え、人と共に生きるという開かれた姿勢は、自己中心的な考えをもつ人の多い時代にあって、とても貴重なものといえます。他人に対する関心が乏しく、人間関係が苦手で引きこもりがちな人が増えている現代において、だれもが見習わなければいけない姿勢といってよいでしょう。

　ただし、審美型のように冷静に相手を観察したり、理論型のようにものごとを論理的に整理したりする習慣が乏しいために、人のことを放っておけずに、感情の渦に飲み込まれて、ついついドロドロした人間関係に振り回されがちです。面倒見の良さは、人と一緒にいないと落ち着かないといった孤独に弱い性質と結びついている面もあります。相手のためを思って行動したのに、過度に巻き込まれすぎて振り回され傷ついたり、うっとうしがられたりしないようにするには、マイペースを確立し、人に依存しすぎない姿勢を身につけることも必要かもしれません。

④ 審美型

　美しいことに何よりも強い関心があるタイプで、美的体験や美の体現に価値を置きます。

　このタイプは、美しさというものを飽くことなく追求し、自らも美を体現したい、つまり美しく生きたいという思いを強くもっています。そのため、潔く生きたいという姿勢が基本となっており、世俗にまみれて私利私欲のために醜い姿をさらすことを非常に嫌います。金銭欲や出世欲のうごめく世間を冷たく突き放して、一歩退いてクールに構えているようなところがあります。

　頭で考えるよりも感覚で生きているようなところがあり、生活

の快適さを求めるため、他人から見て無駄遣いと思えるような身分不相応に贅沢な金の使い方をすることがあったりします。堅実に貯蓄するとか、結果を慎重に考えるといった態度とは無縁なところがあります。実利的なことは気にせずに、趣味人として生きるのがこのタイプの特徴でもあり、人生を楽しむことへのこだわりがあります。趣味人としては自由の確保が大切なので、人間関係に振り回されたり、組織に縛られたりすることを嫌います。

そうした超俗的な価値観、現実の煩わしいトラブルやドロドロした人間関係に巻き込まれるのを極力避けようとする姿勢が、ときに冷たさや他人に対する無関心となってあらわれることもあります。

たとえば、小説家が世間の人々の生の営みを作品に描くには、そうした人々に巻き込まれすぎないように、一定の距離を取って観察するといった姿勢が必要です。このタイプは、そうした小説家のように、周囲の人たちをちょっと突き放した態度で観察しているようなところがあります。

人生にどっぷり浸かったことがないとわからないこと、共感できないことがあります。協調性のなさが人を遠ざけることにもなります。現実に根を下ろしていないこのタイプは、理論型と同様に現実生活に疎く、社会適応に苦労することになりがちです。

⑤ 経済型

現実的な利益や有用性を重んじるタイプで、経済性や実用性に価値を置きます。

このタイプは、何をするにも、それが何の役に立つかをもっとも重視します。ゆえに、何かを学ぶにも、理論型のように理解す

ることそのものに価値を置き理解することで満足するというのではなく、それを学ぶことで現実生活に何らかの利益をもたらそうと考えます。そのため実学志向が強くなります。

このタイプは、何の役にも立たないことには価値を感じません。したがってお金も労力も使わないという姿勢に貫かれています。ものごとのとらえ方が極めて実利的であり現実的であるため、何をするにも、それによってもたらされる経済的効果を基準に判断することになります。何ごとも損得勘定で判断する姿勢は、非常に利己的なものとなります。

無駄遣いをせず倹約するというのはよいのですが、無駄な労力を使わないという姿勢が世界を狭めている面があります。たとえば、仕事や蓄財に役立つ実用書は読んで学んでも、何の役にも立たない小説やエッセイは読まない。純粋に科学的なことや芸術的なことを学ぼうと思わない。そのように有用性に徹しすぎると、遊び心のないつまらない人物ということになりかねません。

現実感覚がしっかり身についているため、実社会に出ても無難に進んでいくことができます。ただし、目的のための行動しかとらないロボットのような人生は、ちょっと淋しいところがあります。結果ばかりにこだわらずに、何の役にも立たない人づきあいを楽しんだり、無目的に趣味や勉強を楽しんだりすることも、人間的な生活の味つけには必要不可欠なのではないでしょうか。

政治型とともに打算的な行動に出ることが多いところが、純粋に正しい行動を取ろうとする理論型、人のためになる行動を取ろうとする社会型、美しく振る舞いたいという動機から潔い行動を取ろうとする審美型などの反発を招くことにもなりがちです。

CHAPTER 11
あなたの職業価値観を探る

仕事に求めるものの優先順位をはっきりさせる

CHAPTER 11 あなたの職業価値観を探る

仕事に求めるものは人それぞれ

　将来にわたって安定した生活が保障されるような仕事に就きたいから、潰れないような大企業に就職あるいは転職したいという人がいます。自分が子どもの頃、親の勤めていた会社が倒産したせいで、貧しい暮らしに追い込まれ、進学も諦めなければならなかった。だから、倒産しないような安定性を求める気持ちが人一倍強いのだと思うと言います。仕事のやりがいとか高収入といった条件も、もちろん気にならないわけではないけれども、やはり会社が潰れてしまったらおしまいだから、何といっても安定性にこだわりたいというのです。

　一方、仕事のやりがいに対するこだわりがとても強い人がいます。自分の力を十分発揮できる仕事、チャレンジしていると実感できるような仕事を任せてもらえる会社で働きたい。そのためには、すでに仕事の流れが確立されていて歯車の1つにされそうな大企業よりも、これからの創意工夫の余地が大いに残されているベンチャー企業のほうがいいといいます。ベンチャー企業の場合は、失敗して潰れるリスクもあるし、不安がないといったら嘘になるけど、今の時代、いざとなったらアルバイトで食いつなぐこともできるし、とりあえず仕事のやりがいにこだわった選択をしていきたいということです。

　ワーク・ライフ・バランスが大切などといわれるようになりましたが、ビジネスとプライベートのバランスを気にする人もいます。仕事のやりがいとか収入の安定性も大切だとは思うけど、家族や友だちと過ごすプライベート・タイムも自分にとっては大切

だし、仕事だけの人生にはしたくないといいます。自分の親は仕事一途の人生を送り、毎日のように夜中に帰り、休日も仕事やつきあいで家にいないことが多く、プライベートなどまったくなかった。お陰で家族はそれなりの良い暮らしができたものの、あんな淋しい人生は送りたくないとのことです。プライベートも楽しめる、真に豊かな生活にしたいから、残業とか休日といった勤務条件が非常に気になるといいます。

優先順位が大切

　だれだって潰れそうな会社より安定した会社に勤めたいものです。やりがいのある仕事をしたいというのも、だれもが思うことのはずです。給料が安いより高いにこしたことはないというのも、万人に共通の思いでしょう。残業だらけでプライベートに使える時間がなく、家ではただ寝るだけといった生活を自分から望む人も少ないはずです。

　ただし、やりがい、安定、高収入、プライベートとの両立などといった条件をすべて十分満たすような仕事を見つけるというのは、かなり難しいことです。したがって、自分がどうしても譲れないのはどの条件かということ、自分のこだわりを明確にする必要があります。自分は仕事にどんな価値の充足を求めているのか、その優先順位をハッキリさせておけば、適職選びもスムーズにいくでしょう。譲れる条件と譲りたくないことに整理していくのです。

　では、あなたが仕事にどんなことをとくに求めているのかをチェックしてみましょう。

CHAPTER 11 あなたの職業価値観を探る

職業価値観テスト

　以下の各項目について、自分にあてはまる程度を1～5の数字で答えてください。数字は項目番号の前の（　）の中に記入しましょう。基準はつぎのとおりです。

　　　　1………あてはまらない
　　　　2………あまりあてはまらない
　　　　3………どちらともいえない
　　　　4………ややあてはまる
　　　　5………あてはまる

（　）① 新しくてきれいなオフィスで働きたいという思いは強いほうだ
（　）② 和気あいあいとした雰囲気の良い職場で働きたい
（　）③ 上司とはかなり無理をしてでもうまくやっていきたい
（　）④ 自分の趣味やプライベートなつきあいのための時間はしっかり確保したい
（　）⑤ 潰れる危険の少ない安定した会社で働きたい
（　）⑥ 高収入が得られる仕事に対する憧れは強いほうだ

（　）⑦ 生活を楽しむことを考えると、休日がしっかり保障され、有給休暇のとりやすい職場にしたい
（　）⑧ 頑張った分だけ地位や報酬が上がるのでないとやる気が出ない
（　）⑨ みんなが知っているような一流企業で働きたい

(　)　⑩ 世の中の役に立っていると感じられる仕事に就きたい

(　)　⑪ 限界への挑戦をしていると感じられるような仕事をしたい

(　)　⑫ 建物とか部屋とか、職場の物理的条件にはあまりこだわらない

(　)　⑬ 職場の人間とあまりつきあうつもりはないから、職場の雰囲気はあまり関心がない

(　)　⑭ 相性の悪い上司のもとでも適当にやっていける

(　)　⑮ プライベートな時間を犠牲にしたくないので、残業の少ない職場がいい

(　)　⑯ 大企業、伝統のある会社で働きたい

(　)　⑰ ある程度の収入が保障されれば、収入にはあまりこだわらない

(　)　⑱ 将来のために貯蓄できるように、社宅や住宅手当が充実している会社にこだわりたい

(　)　⑲ 社内の人事評価にはあまり興味がない

(　)　⑳ 人から羨ましがられるような仕事に就きたい

(　)　㉑ 仕事のやりがいとかはあまり気にならない

(　)　㉒ 厳しくても自分の成長が感じられるような仕事をしたい

CHAPTER 11 あなたの職業価値観を探る

採 点 表

回答＼設問	①	②	③	④	⑤	⑥
1	1	1	1	1	1	1
2	2	2	2	2	2	2
3	3	3	3	3	3	3
4	4	4	4	4	4	4
5	5	5	5	5	5	5

回答＼設問	⑦	⑧	⑨	⑩	⑪
1	1	1	1	1	1
2	2	2	2	2	2
3	3	3	3	3	3
4	4	4	4	4	4
5	5	5	5	5	5

回答＼設問	⑫	⑬	⑭	⑮	⑯	⑰
1	5	5	5	1	1	5
2	4	4	4	2	2	4
3	3	3	3	3	3	3
4	2	2	2	4	4	2
5	1	1	1	5	5	1

回答＼設問	⑱	⑲	⑳	㉑	㉒
1	1	5	1	5	1
2	2	4	2	4	2
3	3	3	3	3	3
4	4	2	4	2	4
5	5	1	5	1	5

つぎの式に当てはめて、あなたの11の職業価値観得点を計算しましょう。

①＋⑫ ＝ [　　　]……職場の物理的環境得点
②＋⑬ ＝ [　　　]……職場の雰囲気得点
③＋⑭ ＝ [　　　]……上司との関係得点
④＋⑮ ＝ [　　　]……プライベートとの両立得点
⑤＋⑯ ＝ [　　　]……安定性得点
⑥＋⑰ ＝ [　　　]……高収入得点
⑦＋⑱ ＝ [　　　]……福利厚生得点
⑧＋⑲ ＝ [　　　]……人事評価得点
⑨＋⑳ ＝ [　　　]……仕事や職場の社会的評価得点
⑩＋㉑ ＝ [　　　]……仕事のやりがい得点
⑪＋㉒ ＝ [　　　]……成長の実感得点

職業に求める11の価値の得点が、それぞれ10点満点で出てきます。どんな価値が高得点になっているかをみながら読み進めてみましょう。

① 職場の物理的環境

　感覚派の人は、自分の身を包む服装にこだわるのと同じように、職場を包む物理的環境にもこだわりがあったりします。周辺で目立っている高層ビルにオフィスがあるのが誇らしかったり、新しくてきれいなオフィスで働くのが快感だったりします。おしゃれなデザインも嬉しかったりします。

　物理的環境の快適さにこだわるタイプは、古ぼけた外観で、外壁もそこらじゅう崩れたり剥がれたりしているオンボロ雑居ビルに通うのは、とても憂うつなはずです。それほどボロでなくても、いかにもセンスの悪いインテリアに囲まれると気分が滅入って、モチベーションが上がりません。

　物理的環境に対するこだわりのない人からすれば、問題は仕事の内容だったり待遇だったりするわけで、なんでそんなに職場の見栄えを気にするのかがわかりません。それは価値観の違いなので、どちらが正しいというようなことではありません。

② 職場の雰囲気

　ビジネスパーソンにとっての最大のストレス源は、職場の人間関係です。一方で、心を癒しストレスを軽減させてくれるのも人間関係です。職場の人間関係がピリピリしていてストレスに満ちたものか、それとも温かい気持ちの交流があり心地良さに満ちているか。それによって職場の雰囲気は180度違ったものになります。

　昼間のほとんどの時間を職場で過ごすわけですから、職場の雰囲気は多くの人にとって気になるはずです。職場の雰囲気が悪い

と、気持ちの交流がうまくいかないだけでなく、仕事上のコミュニケーションにも支障が生じやすく、何かとトラブルや不快なできごとが起こりがちです。

　職場を自分にとっての重要な居場所にしているタイプは、職場の仲間との心の交流や一体感を求めるため、職場の雰囲気は重大な関心事です。

　一方、職場を心の居場所にしていないため、職場の人たちとの間に距離を置いている人にとっては、べつに心の交流を求めているわけではないので、職場の雰囲気などどうでもいいということになります。

③ 上司との関係

　上司との関係というのは、仕事の任され方や評価のされ方に大いに影響し、それが仕事のやりがいや待遇面にまで影響するため、多くの人とって深刻な関心事です。

　職場の人間関係にどっぷり浸かるつもりはないし、だれからどう思われようが関係ないとクールに構えている人でも、自分に影響力をもつ直属の上司との関係には繊細にならざるを得ません。ましてや組織の中で出世の階段を上っていくのを目標とするタイプにとっては、上司との関係づくりは最重要事項となります。

　上司との間に良好な関係が築ければよいのですが、価値観や性格が合わない場合は、非常に辛いものがあります。何かにつけて温情で動くクセの抜けない日本の風土からして、自分に好意的でない上司から能力や成果を正当に評価してもらうことはなかなか期待しづらいものです。上司との間のぎくしゃくした関係は、転職動機の大きな要因ともいえます。

④ プライベートとの両立

ワーク・ライフ・バランスが大事だといわれる時代になり、かつてのように家族生活を犠牲にして仕事人間として生きるというタイプは少なくなってきました。

仕事一途でやってきた親世代が、会社側の都合で一方的にリストラされるのを見てきた若い世代には、組織のために生きるといった考え方は希薄になっています。むしろ、一度きりの人生なのだから自分のやりたいことをして楽しまないと損だ、プライベートのない仕事だけの人生なんてつまらないと考える人も増えています。

プライベートとひとくちに言っても、その過ごし方は非常に多様化しています。家族と出かけたり、一緒に寛いだりするのを一番の楽しみとするタイプ。学生時代の友だちと食事したり、飲みに行ったり、旅行したりするのを何よりも楽しみにするタイプ。おしゃれな喫茶店や美術館で好きな本を読んだり、画集を見たりするのを一人でゆったり楽しむ時間を大切にするタイプ。

いろんな過ごし方がありますが、プライベート重視のスタイルが浸透しつつあるのは間違いありません。そうなると、仕事のためにプライベートを犠牲にするのが当然といった組織風土のもとでは納得いかないという人たちも出てきます。

⑤ 安定性

仕事の本来の目的は生活の糧を得ることですから、生活の安定が保障されるような安定した職業を望む人が多いのは、当然のことと思われます。

工業社会から情報化社会への移行により、元手がなくても、ほんの数人でも簡単に起業できる時代となり、組織に無理に所属しなくてもよいということで、独立する人が多くなってきました。

　その一方で、相変わらず公務員や大企業の人気も根強く、安定志向の人は未だに多数派を占めているといってよいでしょう。右肩上がりの経済成長も終わり、不景気の時代が長く続きそうな今日、安定志向に回帰する雰囲気もありますが、そもそも安定した会社自体が少なくなっています。

　ゆえに、安定志向が強く、リスクを極力避けたいというタイプにとっては、手堅い職を得るのに苦労せざるを得ない時代といわざるを得ません。

⑥ 高収入

　同じ仕事をするなら報酬が高いほうがいい。それはだれもが思うことです。迷うのは、高収入にリスクが伴う場合です。

　給料やボーナスは非常によい代わりに、いつ廃れるかわからない仕事だというケース。歩合制で、成果を上げれば非常によい報酬となるが、成果が上がらなければ平均以下の報酬に甘んじなければならないといったケース。高収入なのは間違いないが、ちょっと世間体の悪い仕事だというケース。そのようなケースでは、あくまでも高収入を狙うか、それともあまり高収入とはいえないが手堅く稼げる仕事を選ぶかで悩むことになります。

　とくに贅沢に暮らすつもりもないし、平穏無事に暮らしていければよいというタイプにとっては、高収入を得るためにリスクを冒すといった発想は馴染みません。

⑦ 福利厚生

社宅や住宅手当、保養所、スポーツ施設補助、医療費補助、有給休暇制度など、福利厚生の充実は、安心して働けるような環境を従業員に与えるものといえます。

安心して暮らすための保障を仕事に求めるタイプの人は、安定性とともに福利厚生の充実を求めるものです。その種のタイプの人は、健康づくりやレクリエーションなど、仕事そのもの以外の面で個人を応援してくれると思えば、モチベーションも高まります。

仕事そのもののやりがいや高収入にこだわるタイプにとっては、福利厚生のような補助的な要素は、どうでもよいものに思えるはずです。

⑧ 人事評価

頑張ったら報われるという基本原則が機能することが、やる気を持続させるためには大事です。頑張ったのに評価されない、同僚より自分のほうが業績がいいのに向こうばかりが登用される。だれでもそんな思いがあると、組織に対する不信感が強まるばかりで、モチベーションは上がりません。

とくに社内での昇進を目標にしていて、上から認められたいという気持ちが強いタイプの場合、人事評価に一喜一憂しがちです。一方、社内での昇進には無関心で、帰属意識の薄いタイプの場合は、人事評価にはほとんど無関心でいられます。

ただし、人事評価のシステムが不透明で、上層部の好き嫌いで昇進や特別昇給が決まるとなると、多くの人はやる気をなくして

しまうでしょう。

　日本独特の年功序列制度も薄まりつつありますが、未だに折衷的な形で残っている場合もあります。それには、安定性を保障するというポジティブな面と、頑張った者、成果を上げた者が報われるという原則に反して、いい加減な者でも昇給・昇進するというネガティブな面の両面があります。非常に難しい問題ですが、人事評価制度に不満がある場合、それが転職動機を高めるというのはよくあることです。

⑨ 仕事や職場の社会的評価

　人はだれでも世間体を気にするものです。人からどう思われるかが全然気にならないなどという人はいないでしょう。

　本人がどこまで意識しているかは人によりますが、世間体というのは、現在の仕事や職場についての満足度にも、職探しの際にも、知らず知らずのうちに影響を与えているものです。

　収入がそこそこ良くて、雇用の安定性にも不安がないといったケースでも、仕事内容が人に誇れるものでない場合、つまり社会的評価の低い仕事の場合、肩身の狭い思いがあって、仕事がコンプレックスになってしまうことがあります。また、見栄っ張りな人や親族に世間体を重視する人がいる場合などは、だれも知らないような会社であること自体がコンプレックスになるということもあります。

　社会的に評価される仕事に就いている人やだれもが知っている有名企業に勤めている人を羨ましく思う気持ちは、だれにもあるものです。でも、ほとんどの人はそんなこととは無縁の世界で働いています。世間体に縛られすぎているタイプの場合、仕事その

ものに意味を感じられないといった問題がありはしないか、あるいは親の期待に未だ縛られ親を乗り越えていないといった問題がありはしないかなど、自分のあり方を振り返ってみることも必要かもしれません。

⑩ 仕事のやりがい

豊かな社会になるにつれて、多くの人たちの心を惹きつけるようになったのが仕事のやりがいです。

戦後の復興期から高度経済成長が実現するまでの時代には、潰れない会社に入ること、昇給があり安定した暮らしが保障されるような会社に入ることが、多くの人の目標でした。それに対して、今は経済的な保障よりも仕事のやりがいを求めるという人が多くなってきました。それだけ人々の欲求が高度なものに移行してきたということができます。

仕事にやりがいを求めるというのは、きわめて正当な姿勢といえます。ただし、今の仕事にやりがいが感じられないといって転職を希望する人たちの話を聞いたり、どんな仕事ならやりがいが感じられるのかがわからないといって職探しで迷っている人の話を聞いていると、仕事のやりがいというもののとらえ方がわかっていないという感じがします。どういうことがやりがいなのかがハッキリしないのです。それでは、いつまでたっても納得のいく仕事は見つかりません。

一番わかりやすいのは、世の中の役に立っている、だれかの役に立っている、と感じられることでしょう。一所懸命やって、成果が出るというのも、やりがいにつながります。その場合、まずは必死に取り組むこと、成果が出るまで諦めずに一所懸命にやる

といった姿勢がないと、やりがいを感じることができません。

⑪ 成長の実感

　仕事を単に生活の糧を得るための手段とみなしている人にとっては、仕事によって自分が得るものは収入だけで十分なはずです。しかし、仕事を通して自己実現したいという欲求をもつ人にとっては、仕事に取り組むことで自分がどのように変化し成長していくかが重要になってきます。

　後者のようなタイプにとっては、仕事に一所懸命に取り組むことで、対人スキルが高まっていく、専門領域の知識や技術力が高まっていくなど、自分が成長していると実感できることが必要不可欠な条件となります。いくら収入が良くても、福利厚生が充実していても、潰れる心配のない安定した会社であっても、自分の成長につながる仕事と思えない場合は、不満が募っていきます。

　ただし、成長というのはさまざまな側面で生じる可能性があるので、あまり性急にならずに自分を多面的に見つめることが大切です。たとえば、厳しい条件の仕事を地道に続けることで忍耐強さが身についたりするのも成長ですが、うっかりすると見逃しがちです。

　あなたが重視する価値とあまりこだわらない価値がつかめたでしょうか。

　チェックリストは、あくまでも大雑把な目安として使うものです。現実に一人ひとりを取り巻く条件は非常に複雑で、複数の価値が絡み合っています。まずは、あなたが重視しがちないくつかの価値を並べてみましょう。多少の得点差は気にする必要はありません。実際に職探しをしている場合や今の仕事を続けるかどう

CHAPTER 11 あなたの職業価値観を探る

か迷っている場合は、重視する価値同士を天秤に掛けて、自分にとっての重みを測ることも必要になります。

たとえば、収入も大事だし、仕事のやりがいも重要だし、安定性も大切だし、プライベートも犠牲にしたくないとしましょう。でも、これらを並列にしていては、現実の選択では迷うばかりです。

そこで、「高収入だけど、先がどうなるかわからない小さめの会社と、収入は高くはないけど伝統のある安定した会社と、どちらがよいか」、「仕事のやりがいはありそうだけど、残業が多かったり不規則な仕事形態が多くて、プライベートを犠牲にしないといけないかもしれない会社と、仕事のやりがいはあまり期待できないけど、定時に終わり土日が休みで、プライベートはしっかり確保できそうな会社と、どちらがよいか」のように、比較判断してみましょう。

実際に候補として考えている会社の条件がわかるなら、「収入に大差がない場合、安定した大きめの会社で、一般的な事務職に就くのと、安定するかどうかは読めないけど、ベンチャー的な小さな会社でやりがいのある仕事に就くのと、どちらがよいか」のように、固定する条件と比較する条件を設定してみるのもよいでしょう。このように比較することで、自分がこだわる価値の優先順位がハッキリしてきます。

ただし、分析ばかりに頼りすぎないように注意しましょう。会社を訪問し、担当者に会ってみて、「ここで働いてみたい」という気持ちが強くなった場合、その直感を軽んじるべきではないでしょう。いくつかの条件が多少よくなくても、そこが適した職場になることも十分あり得ます。個々の条件を積み上げるだけでなく、直感的な印象も大事にして、総合的に判断するようにしましょう。

CHAPTER 12
あなたのストレス度を チェックする

心の元気がないと建設的な判断ができない

CHAPTER 12 あなたのストレス度をチェックする

まず最初に、あなたのストレス状態をチェックしてみましょう。

ストレス度チェックリスト

以下の各項目について、自分にあてはまる程度を1～5の数字で答えてください。数字は項目番号の前の（　）の中に記入しましょう。基準はつぎのとおりです。

1………あてはまらない
2………あまりあてはまらない
3………どちらともいえない
4………ややあてはまる
5………あてはまる

（　）① 憂うつな気分になることがある
（　）② 何もかもがイヤになることがある
（　）③ 虚しさを感じることがある
（　）④ イライラすることがある
（　）⑤ 心細くなることがある
（　）⑥ 腹立たしくなることがある
（　）⑦ 泣きたくなることがある
（　）⑧ 不安になることがある
（　）⑨ 気分がスッキリしない
（　）⑩ 気持ちが落ち着かない
（　）⑪ 気分の浮き沈みが激しい
（　）⑫ 何かにつけて不満が多い
（　）⑬ 何かをする気力が湧かない
（　）⑭ 将来に希望が感じられない

( )　⑮ 自分はダメだと思う
( )　⑯ 何をするにも自信がない
( )　⑰ 自分がイヤになることがある
( )　⑱ 頭の中がまとまらない
( )　⑲ ものごとを自分で判断できない
( )　⑳ ものごとになかなか取りかかれない
( )　㉑ 疲れやすい
( )　㉒ 疲れがとれにくい
( )　㉓ 寝つきが悪い
( )　㉔ 早朝に目が覚めて、その後眠れなくなる
( )　㉕ 風邪を引きやすい
( )　㉖ 動悸がすることがある
( )　㉗ 息苦しくなることがある
( )　㉘ 脇の下に汗をかきやすい
( )　㉙ よく喉が渇く
( )　㉚ 胃の調子が悪い
( )　㉛ 下痢や便秘をしやすい
( )　㉜ 食欲がない
( )　㉝ 性欲がない
( )　㉞ 頭痛がする
( )　㉟ 肩が凝りやすい

CHAPTER 12 あなたのストレス度をチェックする

採点表

採点は簡単です。各項目の得点をすべて足します。175点満点のストレス度得点が出ます

3分の1の項目が「ややあてはまる」場合、他の項目が「どちらともいえない」であっても120点近くになります。したがって、120点以上になった人は、ストレス反応がかなりさまざまな面に出ているとみなすことができます。120点以上になった人は、ストレスを軽減する何らかの対処が必要と言えます。

ストレス対処法については、14章を参照ください。

ストレス度チェックリストのうち、項目1～項目20が心理面にあらわれるストレス反応、項目21～項目35が身体面にあらわれるストレス反応です。

ストレスが出やすいところは人によってさまざまです。気分の落ち込みとかイライラ、やる気の喪失といった心理面の症状が出やすい人もいれば、動悸がする、胃腸の調子が悪い、頭痛がするといった身体面の症状が出やすい人もいます。身体症状も、ストレスが溜まると胃腸にくるというタイプもあれば、頭痛が出るというタイプもあり、人によって特徴的なパターンがあります。

チェックリストをみながら、これまでの経験をじっくり振り返り、自分のストレス反応のパターンをつかみましょう。自分の特徴をつかんでおけば、ストレスが溜まってきたときには、心身の反応からその兆候を察知することができます。それができれば、ストレスにダウンする前に、ストレスを軽減する対処行動をとることができます。

ストレス反応は心身両面に出る

　現代人の生活はストレスに満ちています。生理学者セリエは、ストレス反応をもたらす要因をストレッサーと呼び、ストレス学説を確立しました。ストレッサーは、「物理化学的ストレッサー」「生物的ストレッサー」「社会的ストレッサー」の３つに大別できます。物理化学的ストレッサーには、寒暑の機構、騒音、Ｘ線、酸素欠乏、CO中毒、アルコール、アスピリンなどがあります。生物的ストレッサーには、飢餓、ビタミン不足、疲労・過労、睡眠不足、妊娠などがあります。社会的ストレッサーには、政治体制の不安定さや変化、経済状況の悪化や急激な変化、価値観の急激な変化、転居・転校・転勤・配置転換・転職・昇進・退職など個人的な環境の変化、学業や仕事上の行き詰まりや失敗、対人関係のトラブルなどがあります。

　これらのストレッサーのいずれかが発生すると、それに適応するための一連のストレス反応が生じます。たとえば、胃や十二指腸の潰瘍、過敏性大腸炎、偏頭痛などの身体症状が出たり、不安、疲労感、不眠、抑うつなどの心理的な症状が出たりします。

　これらのストレス反応は、自分の心身に過度の負荷がかかっていること、自分がかなりの無理をしていることを知らせるシグナルです。深刻な状態に陥らないように、そうしたシグナルを機敏にとらえて、適切なストレス対処行動をとることが大切です。

　つぎに、あなたのストレスの原因となっている可能性のあるストレッサーをチェックしてみましょう。ここでは、私たちの生活に大きな影響を及ぼす社会的ストレッサーをチェックします。

CHAPTER 12　あなたのストレス度をチェックする

社会的ストレッサーのチェックリスト

（ホームズとラーエの社会的再適応評価尺度より）

以下の各項目について、最近の1年間にあなたが経験したかどうかを判断し、経験した項目の（　）の中に○を記入してください。

- (　) ① 配偶者の死　　　　　　　　　　100
- (　) ② 離婚　　　　　　　　　　　　　73
- (　) ③ 配偶者との別居　　　　　　　　65
- (　) ④ 刑務所などでの服役　　　　　　63
- (　) ⑤ 家族の死　　　　　　　　　　　63
- (　) ⑥ 本人のケガや病気　　　　　　　53
- (　) ⑦ 結婚　　　　　　　　　　　　　50
- (　) ⑧ 失業　　　　　　　　　　　　　47
- (　) ⑨ 夫婦間の和解　　　　　　　　　45
- (　) ⑩ 退職・引退　　　　　　　　　　45
- (　) ⑪ 家族の健康上の変化　　　　　　44
- (　) ⑫ 妊娠　　　　　　　　　　　　　40
- (　) ⑬ 性生活上の障害　　　　　　　　39
- (　) ⑭ 子どもの誕生　　　　　　　　　39
- (　) ⑮ 仕事形態の変化　　　　　　　　39
- (　) ⑯ 家計状態の変化　　　　　　　　38
- (　) ⑰ 親しい友人の死　　　　　　　　37
- (　) ⑱ 転職や配置転換　　　　　　　　36
- (　) ⑲ 配偶者との口論回数の変化　　　35
- (　) ⑳ 100万円以上の借金　　　　　　31
- (　) ㉑ 借金やローンの担保が流れること　30
- (　) ㉒ 仕事上の地位・責任の変化　　　29

( )	㉓ 息子や娘が家を出ること	29
( )	㉔ 義理の家族とのトラブル	29
( )	㉕ 顕著な個人的業績を上げること	28
( )	㉖ 配偶者の就労または退職	26
( )	㉗ 本人の入学または卒業	26
( )	㉘ 生活条件の変化	25
( )	㉙ 個人的習慣の変更	24
( )	㉚ 上司とのトラブル	23
( )	㉛ 勤務時間や勤務条件の変化	20
( )	㉜ 転居	20
( )	㉝ 転校	20
( )	㉞ レクリエーションに関する変化	19
( )	㉟ 宗教活動に関する変化	19
( )	㊱ 社会活動に関する変化	18
( )	㊲ 100万円以下の借金やローン	17
( )	㊳ 睡眠習慣の変化	16
( )	㊴ 同居家族数の変化	15
( )	㊵ 食習慣の変化	15
( )	㊶ 長期休暇	13
( )	㊷ クリスマス（正月・お盆）	12
( )	㊸ ささいな法律違反	11

CHAPTER 12 あなたのストレス度をチェックする

> **計 算 法**
>
> ○をつけた項目の右側の記してある数字を足してください。○をつけた項目の右側の数字の合計点が、あなたの社会的ストレッサー得点になります。

生活上の大きな変化がストレス病を生む

　前ページのリストは、社会学者ホームズとラーエが作成した社会的再適応評価尺度のごく一部に文化の違いを考慮して修正を加えたものです。

　これらのリストは、私たちの生活に大きな変化をもたらすできごとからなっています。再適応評価尺度と呼ぶのは、これらの個々のできごとに対応すべく自らの生活に変更を加えて再適応していくのに、どのくらいの心的エネルギーを要するかを評価するものだからです。

　各項目の末尾に記されている数値は、そのできごとに再適応していくのに必要な心的エネルギーの大きさをあらわすものです。「転居」が20点で「退職・引退」が45点というのは、後者に適応するには前者の2倍以上の心的エネルギーを必要とするということを意味します。

　病気の主な原因は「大きな変化」「急激な変化」であるといっても過言ではありません。ストレス病の多くは、突然訪れた大きな変化とそれに付随する日常生活上のさまざまな変化によってもたらされます。

医学の祖といわれるヒポクラテスは、ギリシヤ時代の昔にすでに病気の主な原因が変化であることを見抜いていました。

そのことを前提にして、生活上のどんな変化がストレス病を生みやすいのかを調べたのが、ホームズとラーエです。彼らの研究の結果、生活上の多くの変化を経験した人たちの8割が、その後2年以内に大病を患っていることがわかりました。生活に引き起こされる変化がいかに重大な影響を私たちに及ぼすかを教えてくれる結果といえます。

あなたのストレッサー得点は？

あなたの社会的ストレッサー得点は、何点になりましたか。

ホームズたちが行った調査により、この表をもとにしたストレッサー得点が300点以上の人の8割、150点以上300点未満の人の5割が、その後2年以内にうつ病や心臓発作などの重病にかかっているのに対して、150点未満の人では3割程度しかそのような病気にかかっていないことが明らかにされました。

もし、あなたの社会的ストレッサー得点が150点以上になっていたら、ここ1年の間に生活上の深刻な変化をいくつも経験し、大きなストレスがかかっているとみなすことができます。ホームズたちのデータによれば、今後2年以内に大病を患う確率が5割ということなので要注意、何らかのストレス・コーピングが必要です。

300点以上の場合は、きわめて深刻な生活上の変化に見舞われており、非常に強いストレスがかかっていると言わざるを得ません。ホームズたちのデータによれば、今後2年以内に大病を患

う確率が8割となっているので、そのまま放置しておくのは危険です。ストレス反応をできるだけ和らげるように、有効なコーピングを積極的に行っていく必要があります。

ネガティブ・ライフイベントだけでなく、変化そのものがストレス

チェックリストをもう一度眺めてください。ストレスをもたらすのは、家族の死や病気、自分自身のケガや病気、失業や退職、離婚、経済状態の悪化、上司とのトラブルといった、明らかにネガティブなライフイベントばかりではないことがわかります。

入学や卒業、転職、個人的習慣の変更、転居、食習慣の変化、睡眠習慣の変化などは、必ずしもネガティブなライフイベントとはいえません。入学や卒業はおめでたいことのはずです。転職も、ネガティブなものばかりでなく、より良い条件を求めてのものもあるでしょう。転居も、進学や転勤に伴って仕方なくという場合だけでなく、より良い住環境を求めての引っ越しもあるはずです。進学や転勤に伴う転居であっても、気持ちを新たにして前向きの気分でいることも多いと思われます。食習慣の変化というのは、仕事が忙しくて外食が多くなったとか、単身赴任で外食ばかりになったというように、身体に良くない変化が多いものと推測されますが、睡眠習慣の変化については、そうともいえません。夜勤があって睡眠習慣が変わるという場合はストレスになるでしょうが、通学や通勤の都合で夜型を朝型に変えるなどの睡眠習慣の変化などは、身体にはむしろ好ましいといえます。そして、前者のケースより後者のケースのほうが多いと考えられます。こういったケースでは、変化そのものがストレスになっているのです。

ポジティブ・ライフイベントもストレスに

　結婚、子どもの誕生、昇進、年末年始の休暇やお盆休み、ゴールデンウィークなどといったおめでたいできごと、ポジティブ・ライフイベントまでもがストレッサーとみなされています。どうしてなのかと疑問に思われるかもしれませんが、ここで鍵となるのは「変化」です。

　結婚も子どもの誕生も、喜ばしいことなのはいうまでもありませんが、ともにそれ以前の生活スタイルを大きく変える必要をもたらします。昇進ももちろん嬉しい変化ではありますが、職務が変わり、新たな仕事に適応しなければなりません。これらのポジティブ・ライフイベントも、大きな変化をもたらすという意味で、ストレスになるのです。

　年末年始の休暇やお盆休み、ゴールデンウィークなどの休暇も、嬉しい休みではあるものの、普段と違った過ごし方をすること自体がストレスになる場合もあるのです。どこに行こうかと計画するのがストレスになる人、家族をどこかに連れて行かないといけないと思うことがストレスだという人、混雑する行楽地や高速道路がストレスになるという人などもいます。もちろん、うまい過ごし方ができれば日頃のストレスの解消にもなります。

　学校を卒業し、新入社員として就職していく場合も、さまざまな変化を経験します。卒業と就職により、これまでと生活が一変します。所属や生活の場が変わるだけではありません。それに伴って、睡眠習慣が変わったり、言葉遣いが変わったり、人間関係が変わったりします。人によってはひとり暮らしを始める場合もあ

CHAPTER 12 あなたのストレス度をチェックする

るでしょう。その場合は住居が変わるだけでなく、住み慣れた街とも離れ、食習慣も変わるでしょう。転職の場合も、まったく同様のストレス群にさらされるはずです。

　このようにさまざまな変化が集中する時期には、ストレスを軽減する工夫が必要です。

CHAPTER 13

あなたのストレス行動を
チェックする

高速社会に振り回されずに自分のペースをつくろう

CHAPTER 13 あなたのストレス行動をチェックする

高速社会の進展

　現代社会は高速社会です。交通手段や情報手段の発達など、社会のあらゆる局面に高速化の波が押し寄せています。

　まずは主要な交通手段である鉄道の発達を見てみましょう。

　たとえば、上野一仙台間は、大正時代の終わりには8時間かかりましたが、昭和30年頃には6時間ほどに短縮され、昭和50年代になると4時間ほどになり、さらに東北新幹線の開通により現在ではわずか2時間で結ばれるようになりました。

　東海道線は、それよりずっと早く昭和39年に新幹線が開通しましたが、その新幹線も「こだま」から「ひかり」へ、さらに「のぞみ」へと、いっそうの高速化が実現しています。現在は、リニアによるさらなる高速化がめざされています。

　コンピュータの処理速度の高速化も、目を見張るものがあります。新しく購入したコンピュータも、2～3年もすれば使う人をイライラさせる処理の遅いマシンになってしまい、買い換えるか、メモリーなどの増強を検討するしかありません。コンピュータの処理速度が速くなれば、一定時間あたりに取り扱う情報量が飛躍的に増大します。そして、それに向かう人間の操作もますます急がされるようになります。また、使う人間がコンピュータの速度に慣れてくると、はじめのうちは速く感じられたコンピュータの処理速度が遅く感じられ、イライラするようになります。

　コンピュータの発達は、私たちの通信手段、コミュニケーション手段にも高速化をもたらしています。手紙なら数日後でないと相手が読むことを期待できなかったのに、パソコンのメールなら

その日のうちに読んでもらえることを期待できます。さらに携帯電話のメールなら、瞬時に読んでもらえたりします。どんなに物理的に遠くに離れていても、携帯電話さえあれば、メールの文章を瞬時のうちに何往復もやりとりができるのです。ゆえに、メールの返信が即座にこないとイライラすることになります。

タイプA行動パターンの出現

　現代人の生活のあらゆる局面に高速化の波が押し寄せています。ハンバーガーショップや牛丼店などのファストフードの店が目立ち始めたのは昭和40年代の後半くらいからですが、それによってくつろぎの時間とセットになっていたはずの食事までが、単に腹に詰め込み栄養摂取するだけの機能をもつものとして高速化され始めました。ハンバーガーショップや牛丼店では、6分〜8分で食事をすませることができるというデータさえあります。

　コンビニの出現によって、翌日店が開くまで待たなくても、思い立ったら夜中でも買えるようになりました。

　高速社会の出現により、人々が何かにつけて急ぐようになって、いつの間にか広まったのが、タイプA行動パターンです。

　タイプA行動パターンは、現代の有能なビジネスパーソンの多くが知らず知らずのうちに身につけているものですが、健康を害するリスクが大きい行動パターンであることがわかり、問題視されるようになりました。

　それでは、まずあなたがタイプA行動パターンを身につけているかどうかをチェックしてみましょう。

CHAPTER 13 あなたのストレス行動をチェックする

タイプA行動チェックリスト

以下の各項目について、自分にあてはまる場合は（ ）の中に○をつけてください。

( ) ① 仕事に熱中すると、気持ちの切り替えがきかなくなる
( ) ② 凝り性で何ごとも徹底的にやらないと気がすまない
( ) ③ 急ぐ必要のない仕事でも、自ら早め早めに締め切りを設定し、それに向けてがむしゃらに突き進む
( ) ④ できるだけ多くの予定を入詰め込もうとする
( ) ⑤ 何ごともできる限り素早く仕上げることを重視する
( ) ⑥ たえず心理的に張りつめた状態にある
( ) ⑦ まったく何もしない時間や日々が続くと罪悪感のようなものを感じる
( ) ⑧ 休みを取っても仕事のことをついつい考えてしまい、心からくつろげない
( ) ⑨ 発言中、終わりに近づくと早口になる
( ) ⑩ 発言中は、途切れることが悪いことであるかのように、切れ目なくしゃべり続ける
( ) ⑪ 会議などでしゃべりすぎる
( ) ⑫ 人の話を長く聞いていることができない
( ) ⑬ 人の話をのんびり聞くことができず、話をせかすような反応を示す
( ) ⑭ こちらがあまり興味をもっていない話を長くされると、イライラしてしかたない
( ) ⑮ 要領を得ない話し方をする人、同じ話を繰り返す人にイライラする

- (　) ⑯ 会議をはじめ、あらゆることがらの進行速度にいらだちを感じる
- (　) ⑰ 自分ならもっと速くできることを、人がゆっくりやっているのを見るとイライラする
- (　) ⑱ いつもセカセカ動いている
- (　) ⑲ 急ぐ理由のないときも、急いで歩いている
- (　) ⑳ とくに急いでいるわけでもないのに、エスカレーターを歩くことが多い
- (　) ㉑ 電車やバスが時間通りに来ないと、ひどくイライラする
- (　) ㉒ 渋滞に巻き込まれると、ひどくイライラする
- (　) ㉓ 列をつくって待つのが苦痛でしようがない
- (　) ㉔ おいしい店でも人が並んでいたらすぐに諦めて別の店にする
- (　) ㉕ 仕事を離れて本を読むときも急いでおり、分厚い本を少しずつ読むというのが苦手である
- (　) ㉖ 文学作品をゆっくり楽しんで読むとか音楽をゆったりと聴くといったゆとりある時間の過ごし方には無縁である
- (　) ㉗ 食べるのが速い
- (　) ㉘ 食事中も仕事の手順を考えたり、メモを取ったりすることが多い
- (　) ㉙ 自宅のトイレに新聞や雑誌を持ち込んだりする
- (　) ㉚ 会議中にこっそり別のことをしたり、朝食をとりながら新聞や業界誌を読むなど、同時に複数のことをすることが多い

CHECK TEST

CHAPTER 13 あなたのストレス行動をチェックする

診 断

どのくらいあてはまったでしょうか。

タイプBの人、つまりタイプAを「急げ急げ病タイプ」とすると、その正反対の「のんびりタイプ」の人の場合、ほとんどの項目もあてはまりません。したがって、ほんの数項目でもあてはまるようならタイプAの兆候が見られることになります。ましてや10項目以上もあてはまるようなら立派なタイプAといえます。

もし、半分以上の項目があてはまるとしたら、かなり強度のタイプAということになるので要注意です。

自分がタイプAだとわかった場合にも、それを改善するのが困難なのは、仕事のできる人は概してタイプAだという事情があるからです。仕事に対するモチベーションや責任感を放棄してのんびりしてしまえばタイプAから脱することはできます。でも、それはできないでしょう。周囲からは、責任感をもって仕事をこなす人とみなされ、仕事を任されているはずです。ビジネススタイルを急に変えるというのは至難の業です。

しかし、次ページ以降で説明しますが、タイプA行動パターンをずっと続けるのは、かなりの健康上のリスクを負うことになります。そういったリスクを負わないためにも、改善できそうなところから少しでも変えていくことが必要です。

タイプA行動パターン

　タイプA行動パターンは、医学者フリードマンとローゼンマンによって問題提起された現代人の病的な行動パターンです。

　フリードマンたちは、心臓病にかかりやすい人々の行動パターンに着目しました。そして、サンフランシスコのビジネスマンを対象に、心臓発作を起こす前に認められた行動特徴に関する調査を行いました。その結果、7割の人が過度の競争と締め切りに間に合わせることへの没頭をあげました。

　心臓病との関連で一般に好ましくないとみなされている脂肪分のとりすぎ、過度の喫煙、運動不足などをあげた人は、それぞれ5％もいませんでした。

　こうした結果を踏まえて、フリードマンたちは、時間の切迫感と過度の競争を中核とした行動パターンをタイプA行動パターンと名づけ、その危険に対して警告を発しました。

　タイプA行動パターンとは、できるだけ短時間に可能なかぎり多くのことをやってしまおうと、あらゆる努力をムキになってし続ける人のもつ行動パターンです。

　その反対に、時間的切迫感のないのんびりした行動パターンをタイプB行動パターンと名づけました。

　サンフランシスコの連邦政府の役人2500人に対して調査を行ったところ、5～6割が典型的なタイプA行動パターンの持ち主でした。

CHAPTER 13 あなたのストレス行動をチェックする

タイプA行動パターンと心臓疾患

　タイプA行動パターンは、はたしてほんとうに危険な行動パターンなのでしょうか。危険だとする科学的根拠はあるのでしょうか。

　フリードマンたちは、会計士の人たちの血清コレステロール値を、1月から6月まで半年間追跡調査をしました。

　その結果、4月半ばの納税期限が近づいて忙しくなり、時間的切迫感が極度に強まると、血清コレステロール値が上昇し、5月〜6月にかけて暇になり、時間的切迫感がほとんどなくなると、血清コレステロール値が下がることがわかりました。時間的切迫感が血清コレステロール値を上昇させることが確認できたのです。

　さらに、タイプA行動パターンを身につけた男性80名と、タイプB行動パターンを身につけた男性80名を選び、血清コレステロール値を比較しました。その結果、タイプAの男性たちのほうが血清コレステロール値が高いこと、タイプBの場合はぜいたくな食事をしていても血清コレステロール値は高くならないことがわかりました。行動パターンが血清コレステロール値を決めることを示唆するデータといえます。

　そこで、フリードマンたちは、3500人以上の健康な男性たちにさまざまな検査を行い、また行動パターンも調べておいて、10年後にその中から心臓疾患になった人を抽出するというやり方で、タイプA行動パターンから将来の心臓疾患が予言できるかどうかの検証も行いました。

その結果、10年後には250人以上の人たちが心臓疾患を患っていましたが、10年前のさまざまなデータのうち、最もハッキリした危険信号は、栄養データでも運動データでもなく、タイプA行動パターンの存在でした。タイプAの人の罹患率は、タイプBの人のなんと3倍にも達していました。

　こうなるとタイプA行動パターンが健康にとって非常に危険な因子であることは明白です。タイプA行動パターンを身につけている人は、何とかそこから脱する必要があります。

　タイプA行動パターンからの脱出法を考える前に、タイプA行動パターンのどんな点が問題なのかを見てみましょう。

時間的切迫感

　タイプA行動パターンの中核となっているのは、時間的切迫感と過度の競争ということです。ただし、日本の場合は、アメリカほどに競争の厳しさがないので、時間的切迫感を中核とする行動パターンとみなすのが適切でしょう。

　時間的切迫感は、あれもしなければ、これもしなければと思いすぎることによって生じます。これは、主観的に生み出されるもので、客観的状況によるものではありません。その証拠に、同じような職務に就いていても、タイプBの人は、時間的切迫感とは無縁に、のんびりと過ごすことができます。タイプAの人は、自ら進んで時間的切迫感へと駆り立てられていくのです。

　できるだけ多くのことをやり遂げたいと思ったり、できるだけ多くのことに参加したいと思うために、非現実的な予定を立てます。一つひとつの仕事にあてる時間を可能なかぎり少なく見積も

CHAPTER 13 あなたのストレス行動をチェックする

ります。というよりも、最初から無理とわかるような計画を立てます。

とくに締め切りが近い仕事でなくても、のんびり進めることはできません。時間が無駄になるといった感覚がどこかにあり、自ら進んで厳しい締め切りを設定し、急いで能率的に仕上げようとします。

仮に締め切り前に終わった場合、よく頑張ったということで、あとはのんびり過ごすかというと、けっしてそうではありません。先の計画を前倒しにして、ひたすら急ぎ続けるのです。

もともと無理な計画を立て、いくつもの締め切りで予定表を埋めているため、いくら急いだところで、時間的切迫感からは永遠に解放されません。

時間的切迫感というのは、仕事絡みだけでなく、タイプＡの人の身に染みついて、あらゆる生活場面を貫いています。

とくに急がないといけないわけではないのに急ぎ足で歩いたり、エスカレータを歩いたりします。同じく、とくに急いでいるわけではないのに、電車やエレベーターがなかなか来ないとイライラします。わざわざ人気の店まで食べに来たのに、人が並んでいるとすぐに諦め、どうでもよいような別の店で食事をします。まさに急げ急げ病です。

創造性の枯渇

タイプＡ行動パターンを身につけた人は、テキパキと仕事を片づけていくので、非常に優秀な人物としてますます仕事を任されるということになりがちです。ただし、注意しなければならない

点があります。それは、たえず急ぎすぎるために、創造的に仕事を仕上げる余裕を失いがちなことです。

　手際よくものごとを片づけていくには、定型化したパターンで仕上げるのが一番です。その都度より良く仕上げる工夫をするより、いちいち考える時間を節約して、以前のやり方を繰り返すほうが効率的です。ゆえに、タイプＡ行動パターンに染まった人は、ほぼ自動的に効率的なやり方を繰り返すことで、スピードを確保しようとします。

　それによって犠牲になるのが創造性です。創造性を発揮するには、あれこれぼんやりと物思いに耽ったり、仕事そのものと直接関係のないことに興味をもったり、回り道になるのを覚悟で新たな可能性を追求したりといった、いわば遊びの部分が必要です。

　そのようなことは、近視眼的に見れば無駄であり、一つひとつの仕事をできるだけ短時間で片づけていくといった効率化の原則に反するものといえます。そこで、タイプＡの人は、そうした無駄は極力切り捨てて、ひたすら急ぐことになります。

　虚しさや不充足感をどこかで感じつつ、それを無理やり振り払うかのように、さらなるスピード化と量的満足の追求にのめり込んでいきます。

　量的達成ばかりを追求し、創造性が枯渇していくというのも淋しいものですが、さらに深刻なのは健康がむしばまれていくことです。

　それでは、どうしたらタイプＡ行動パターンから脱することができるのでしょうか。その防止法について見ていきましょう。

CHAPTER 13 あなたのストレス行動をチェックする

タイプA行動パターンの防止法チェックリスト

　以下の各項目について、自分にあてはまる場合は（　）の中に○をつけてください。

（　）① 仕事中、ときどき無理にでも中断して気分転換をするように心がける
（　）② 急いで仕事をしているときでも、窓越しの風景を眺めたり、軽く体操をしたりするくらいの短い休憩はこまめに挟むようにする
（　）③ 毎日ではなくても、時々運動をするか、せめて散歩するくらいの気分転換は欠かさないようにする
（　）④ 仕事が予定より早く済んだら、つぎの予定を繰り上げたりせずに、趣味や楽しみのための時間に回す
（　）⑤ 仕事と関係のないことをするための時間を毎日確保する
（　）⑥ 趣味といえるものをもつようにする
（　）⑦ 仕事と関係のない読書を楽しむ
（　）⑧ 美術館や博物館に出かけたり、美術書をめくったり、音楽を聴くなど、芸術に親しむ時間をもつ
（　）⑨ 古典を読んで、ゆったりとした時間の流れの中に身を置く
（　）⑩ 若い頃や子どもの頃に好きだったことを思い出してみる
（　）⑪ アルバムの整理をしたり、旅行中に集めた資料を整理するなど、現実の時の流れからしばし降りる時間

をもつようにする
( ) ⑫ 仕事や職場と関係のない人間関係をもつようにする
( ) ⑬ 親しい人間関係に浸る時間を大切にする
( ) ⑭ 子ども時代や学生時代の友だちとの旧交を温める
( ) ⑮ とくに興味を惹く話や役に立ちそうな話でなくても、無駄として切り捨てたりせずに、会話そのものを楽しむように心がける
( ) ⑯ 目の前のできごとや風景、人々に関心を向ける
( ) ⑰ 安らぎの生活空間づくりを心がける
( ) ⑱ 仕事場も機能追求ばかりに走らず、遊び心を入れたインテリアを工夫したりするゆとりをもつ
( ) ⑲ 列に並んだり、電車を待ったり、食事が出るのを待ったりするとき、ひたすら待つのでなく、周囲の人や景色を観察したり、空想に耽るなど、気を紛らすようにする
( ) ⑳ 仕事のことを完全に忘れて楽しむ休日の過ごし方もできるようにする

CHECK TEST

CHAPTER 13 あなたのストレス行動をチェックする

　あなたは前のページのチェックリストのうちいくつくらいを実践しているでしょうか。ほとんど実践していないという人は、すぐにできそうなものを2～3個選んで、実践を心がけましょう。

　いきなり欲張ると挫折します。タイプAの人は、一気に進めたいと思って欲張る傾向がありますが、そうした行動パターンから抜け出すための対策なので、ほんの少しずつでよいから実践を試みましょう。

　自分の趣味との兼ね合いもあるので、無理に古典に親しんだり、美術に親しんだりする必要もありません。ここに上げたリストは、あくまでも網羅的に並べたものであって、すべてを実践している人などいないでしょう。この中のほんの少しでも実践していけば、徐々にタイプA行動パターンが和らいでいくはずです。

　まずはやりやすいと感じることからチャレンジしてみましょう。

CHAPTER 14
あなたのストレス・マネジメント力をチェックする

ストレスにどう打ち勝つかが
ビジネス・ライフの成否を分ける

CHAPTER 14 あなたのストレス・マネジメント力をチェックする

ストレッサーが直接ストレス反応を生むわけではない

12章では自分の身に最近1年間に降りかかってきたストレッサーを数えました。そこで、ストレッサー得点が150点以上の場合はかなりのストレスがかかっているから要注意、300点以上ともなると非常に危険な域に達しているから何らかの有効な対処をしないと危ないということを説明しました。ただし、これには注釈が必要です。それは、ストレッサーがあるからといって、必ずしもストレス反応が出るわけではないのです。

たとえば、ストレスに強い人もいれば、弱い人もいます。どうにも合わない上司との軋轢がストレスになるのは、だれでも同じでしょう。しかし、それが原因で体調を崩したり、うつ気味になったりする人もいる一方で、上司をうっとうしく思いながらも淡々と仕事をこなしていける人もいるのです。

認知的評価がストレス反応を決める

試験で失敗したり仕事上のミスをすれば、当然ストレスになります。「どうしよう」「もうダメだ」となかなか立ち直れない人もいれば、「悔やんでも仕方ない」「同じ失敗を繰り返さないように注意しよう」と前向きにサラリと通り過ぎていく人もいます。

これでおわかりかと思いますが、ストレスとなるネガティブなできごとが起こったこと自体がストレス反応を生むのではなく、そのできごとをどう認知するかが問題なのです。「大変だ」「どうにもならない」というように深刻に受けとめればストレス反応が

強く出ますが、「仕方ない」「何とかなるだろう」と楽観的に受けとめればあまりストレス反応が出ません。どう受けとめるか、つまり認知的評価がストレス反応の程度を決めるのです。

ストレスには気分転換などのコーピングが必要

　ストレスに強い人と弱い人の違いがもうひとつあります。それは、ストレスを軽減するための行動が取れるかどうかです。

　ストレスとなるイヤな出来事があったとき、あるいはストレスとなるイヤな状況がずっと続いているとき、そのことばかりを「イヤだ、イヤだ」と考えていては、気分は落ち込むばかりです。

　うつになりやすい人の特徴として、ネガティブなできごとを反芻する傾向があります。イヤなことを繰り返し思い出しては、イヤな気分になる。イヤな気分になると、またイヤなできごとを思い出してしまう。そういった悪循環に陥ってしまうのです。

　うつになりにくい人は、ネガティブなできごとをわざわざ反芻するようなことはなく、とてもうまく気分転換ができます。楽しいことを考えたり、友だちと楽しく過ごしたり、運動をしたりして気分転換をしているうちに、イヤなできごとによるネガティブ感情はどこかに吹き飛んでいます。

　このようなストレスが生じたときの対処行動をストレスコーピングといいます。この章では、認知も含めたストレスコーピングをチェックしてみましょう。

CHAPTER 14 あなたのストレス・マネジメント力をチェックする

ストレス・マネジメント力のチェックリスト

イヤなことがあったり、どうしても状況が好転しないときなど、あなたはどうしていますか。どんな気持ちになったり、どんな風に考えたり、どんな行動をとったりしがちですか。以下の各項目について、自分にあてはまる程度を1〜5の数字で答えてください。

数字は項目番号の前の（ ）の中に記入しましょう。基準はつぎのとおりです。

1………あてはまらない
2………あまりあてはまらない
3………どちらともいえない
4………ややあてはまる
5………あてはまる

( ) ① 気心の知れた友だちと楽しくおしゃべりして発散する
( ) ② イヤなことは考えないようにする
( ) ③ 何が自分を苦しめているのかを整理してみる
( ) ④ 先輩や上司など頼れる相手に相談してみる
( ) ⑤ どんなことからも必ず何か得るものがあるはずだと考える
( ) ⑥ イヤなことを思い出しては落ち込む
( ) ⑦ 趣味で気分転換する
( ) ⑧ 考えてもしようがないことは考えない
( ) ⑨ どうしたら状況が良くなるかをじっくり考える
( ) ⑩ 親しい友だちに状況や思いについて話してみる
( ) ⑪ この経験を今後にどう活かせるかを考える

(　　)　⑫ 失敗するとすぐに「自分はダメだ」と思ってしまう
(　　)　⑬ ショッピングや飲食で憂さ晴らしをする
(　　)　⑭ ひたすら行動して心を無にする
(　　)　⑮ 現実的にできることとできないことに分けて整理してみる
(　　)　⑯ 親しい友だちにアドバイスを求める
(　　)　⑰ 自分の器を大きくするチャンスと受け止める
(　　)　⑱ 困難にぶつかって人生がイヤになることがある
(　　)　⑲ スポーツや散歩で気分転換する
(　　)　⑳ 何も考えずによく寝るようにする
(　　)　㉑ 状況改善のためにできる最も簡単なことから着手する
(　　)　㉒ 本や雑誌を読んでヒントを探す
(　　)　㉓ これだけイヤなことがあれば、つぎは良いことがあるだろうと考える
(　　)　㉔ 気分が落ち込むとイヤなことばかり思い出してしまう
(　　)　㉕ 楽しいことを考えて気分を上向きにする
(　　)　㉖ アルコールを飲んでイヤなことは忘れようとする
(　　)　㉗ 状況をこれ以上悪化させないための注意点を整理する
(　　)　㉘ 似たような経験をした人の情報を集めて参考にする
(　　)　㉙ 困難にぶつかっているときは自分が鍛えられているときだと考える
(　　)　㉚ 思い通りにならないことが続くと「どうでもいい」と諦めの気持ちになる

CHAPTER 14 あなたのストレス・マネジメント力をチェックする

採点表

つぎの式に当てはめて、あなたの5つのストレスコーピング得点と非コーピング得点を計算しましょう。

①+⑦+⑬+⑲+㉕ ＝ [　　　]……発散型情動コントロール志向得点

②+⑧+⑭+⑳+㉖ ＝ [　　　]……回避型情動コントロール志向得点

③+⑨+⑮+㉑+㉗ ＝ [　　　]……自力型課題解決志向得点

④+⑩+⑯+㉒+㉘ ＝ [　　　]……アドバイス要請型課題解決志向得点

⑤+⑪+⑰+㉓+㉙ ＝ [　　　]……肯定的意味づけ模索型得点

⑥+⑫+⑱+㉔+㉚ ＝ [　　　]……非コーピング得点

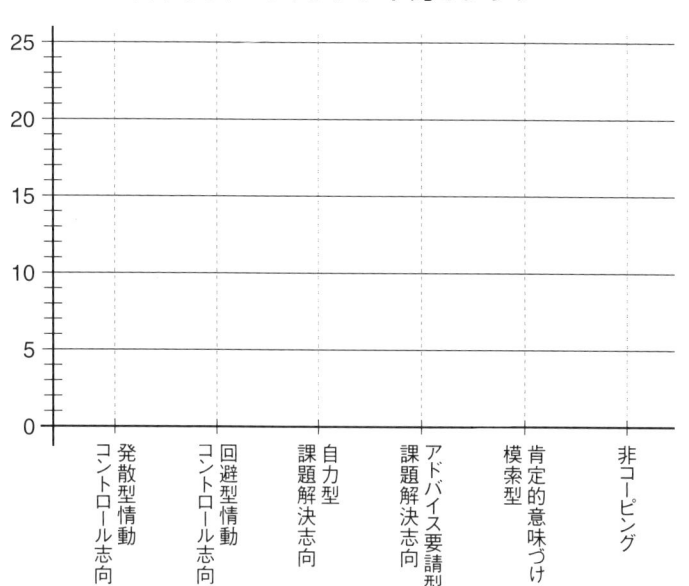

ストレス・マネジメント力のグラフ

発散型情動コントロール志向	
回避型情動コントロール志向	
自力型課題解決志向	
アドバイス要請型課題解決志向	
肯定的意味づけ模索型	
非コーピング	

(縦軸: 0〜25)

ここでは、ストレス・マネジメント力を発散型情動コントロール志向、回避型情動コントロール志向、自力型課題解決志向、アドバイス要請型課題解決志向、肯定的意味づけ模索型の5つのコーピング行動でとらえます。非コーピング得点とは、いわば無策な姿勢を意味するものです。

5つのストレス・マネジメント力得点と1つの非コーピング得点が出ますが、どれも25点満点です。20点以上ならその傾向が強く、10点以下ならその傾向が弱いことになります。

CHAPTER 14 あなたのストレス・マネジメント力をチェックする

ストレス・マネジメント力とは

　ビジネスに限らず、人生というものは思い通りにならないことの連続です。

　上司とうまくいかないというのは、よくあることです。お互い生身の人間なので、価値観や性格の相性というものがあります。好き嫌いもあるでしょう。こちらを正当に評価してくれない上司に、ちゃんと評価してくれと強要するわけにはいきません。相性が悪い上司の性格を変えさせるわけにもいきません。理不尽なことを言う上司に対して、「そんな理不尽なことを言わないでください」と抗議したところで、話が通じる相手ならはじめからそんな理不尽なことは言わないでしょう。

　一所懸命に頑張って営業をしているのに、なかなか契約が取れないというのも、よくあることです。「もうダメだ」「もうイヤだ」と投げ出したくなる思いと闘いながら、何とか気持ちを取り直して頑張る。そんな日々の連続のはずです。

　このように社会に出てからは、思い通りにならない現実をしぶとく生き抜く力が求められるのです。

　イヤなことがあったとき、思い通りにならない現実に押し潰されそうになったとき、どうしたらよいのか。そんなときに威力を発揮するのが、ストレス・マネジメント力です。

　ここでは、ストレス・マネジメント力を大きく3つの分けてとらえています。

　第1にあげたいのは、「情動コントロール志向のストレス・マネジメント」です。

ストレスにどう打ち勝つかが
ビジネス・ライフの成否を分ける

　イヤなことがあったり、思い通りにならない状況に陥ったりすると、気分が滅入ってきます。イヤな気分が持続すると、気持ちが落ち込んだり、ひどくなるとうつ気味になったりする危険もあります。当然、前向きの気持ちになれず、何もやる気になれません。そのような心理状態では、建設的な行動をとることは期待できません。

　そこで必要なのは、気持ちを切り替えることです。気持ちの切り替えのうまい人は、ストレス状況によるイヤな気分を和らげることができます。ここでは、イヤな気分が持続しないように情動をコントロールしようとする情動コントロール志向型のストレス・マネジメントを、積極的に情動を発散して気分転換しようとする「発散型情動コントロール志向」のものと、イヤなことは考えないで忘れようとする「回避型情動コントロール志向」のものに分けてとらえています

　第2にあげたいのは、「課題解決志向のストレス・マネジメント」です。

　失敗したら、どう修復できるかを考えたり、つぎはどうしたら成功するかを考えたりしないと、先に進むことができません。どこがまずかったのか、何が足りないのかをはっきりつかまないままでは、同じ失敗を繰り返すばかりです。思い通りにならない状況に陥ったときも、今どんな状況に置かれているのかを正確に把握し、どうしたら打開できる可能性があるかを検討することが必要です。

　そこで必要なのは、問題を可能なかぎり解決していくことです。ここでは、問題となるできごとや自分の置かれた状況をしっかりと見極めて、現実的な解決策や打開策を冷静に検討する課題解決

志向型のストレス・マネジメントを、自分で頭の中を整理して解決策を探ろうとする自力型課題解決志向のものと、人に相談したり他人の事例を参照して解決策のヒントを得ようとするアドバイス要請型課題解決志向のものに分けてとらえています。

第3にあげたいのは、「肯定的意味づけ模索型のストレス・マネジメント」です。

生きていれば思い通りにならないことをたくさん経験しますが、どんな経験も人生の糧となるはずです。イヤなできごとからも、きっと何か学ぶことができるはずです。どうにもならない悲惨な状況でも、それを乗り越えることが大きな自信と希望につながるはずです。

そこで必要なのは、ネガティブなできごとにもポジティブな意味づけをすること、ストレス状況にもポジティブな意味づけをすることです。それができれば、前向きの気持ちになれます。自分の置かれた困難な状況にも負けずに、積極的に乗り越えていこうという意欲が湧いてきます。

① 発散型情動コントロール志向

イヤな気分が持続しないように、積極的に情動を発散して気分転換しようとするストレス・マネジメント法です。

好きなことをしたり、気心の知れた友だちとしゃべったりして、楽しい気分に浸ることで気持ちを切り替えようとするものです。

ショッピングに出かけたり、繁華街をぶらついたり、おいしいものを食べに行ったりというのは、多くの人がとる方法です。スポーツジムで汗を流すとスッキリするという人もいます。友だちと食事しながら、あるいはアルコールを飲みながら楽しくおしゃ

べりするのが一番の発散になるという人もいます。映画を観たり、スポーツ観戦したり、カラオケをするなど、趣味や好きなことをすることで気分転換をはかるというのもよく使う手です。楽しかった旅行を思い出したり、楽しみにしているコンサートのことを考えるなど、楽しいことを考えることでイヤな気分を中和するというのも、簡単な気分転換の方法です。

このように積極的に情動を発散して、気持ちが落ち込まないようにうまくコントロールするというのは、よく使われる効果的な方法です。具体的に何をすることで発散し気分転換するかは、人によってさまざまです。これをすれば気持ちがスッキリして気持ちの切り替えができるという自分なりのレパートリーをいくつかもっておくのがよいでしょう。

20点以上の人は、発散型情動コントロール志向のストレス・マネジメント力が身についているといえます。反対に、10点以下の人は、発散型情動コントロール志向のストレス・マネジメント力が身についていないということになります。得点の低い人は、自分なりの発散法、これをしていれば楽しくて気持ちの切り替えができるという自分に適した手段をもつように心がけましょう。

ただし、気分を発散して気持ちを落ち込まないようにコントロールするだけでは、ものごとが前に進みません。気晴らしばかりしていても、状況が変わるわけではありません。課題解決志向のストレス・マネジメントと並行して行う必要があります。

② 回避型情動コントロール志向

イヤな気分が持続しないように、イヤなことは考えないで忘れようとするストレス・マネジメント法です。

CHAPTER 14 あなたのストレス・マネジメント力をチェックする

　とにかく考えないことによって、落ち込まないように気持ちをコントロールしようというものです。

　イヤなことは敢えて考えないようにするというのは、ときには非常に大事なことになります。考えても解決しないし、気分が落ち込むだけというような場合は、考えないというのが有効な対処法といえます。

　考えないようにしようと思っても、つい考えてしまうというのも、よくあることです。そこで、考えないでいられるために、ひたすら行動し続けることで心を無にするというのも、よく使われる方法です。一心不乱に仕事に邁進する人もいます。ワーカホリック（仕事中毒者）の中には、イヤな現実を忘れるためというのが強い動機になっているケースもあります。ストレスが溜まるとたくさん寝るようにするという人もいます。起きているとろくなことを考えないから、スッキリするために思考放棄して寝ることにしているという人もいます。イヤな気分から逃れるために、アルコールで酔って思考を麻痺させるという人もいます。

　失敗を後悔しながら反芻したり、どうにもならない状況に直面したまま絶望的な気持ちでいても、気持ちが落ち込むばかりでなかなか立ち直れません。そんなときは、一時的に身を守るための緊急避難として、思考停止状態に陥るのもやむを得ない対処法といえます。

　20点以上の人は、回避型情動コントロール志向のストレス・マネジメント力が身についているといえます。反対に、10点以下の人は、回避型情動コントロール志向のストレス・マネジメント力が身についていないということになります。イヤなことを反芻することがうつ気分につながります。得点の低い人は、いつま

でもイヤなできごとを反芻したり、どうしようもない状況のことばかり考えたりせずに、取りあえずは考えないで気分転換するということもできるようにしましょう。

ただし、考えないことで気持ちの落ち込みを防いだとしても、逃げているだけでは何も解決しません。課題解決志向のストレス・マネジメントと並行して行う必要があります。

③ 自力型課題解決志向

自分で頭の中を整理することで、問題となるできごとや自分の置かれた状況をしっかり分析し、現実的な解決策や打開策を冷静に検討しようとするストレス・マネジメント法です。

ストレス源となっている問題状況そのものを何とか変えていこうとする能動的なストレス・マネジメント法のひとつといえます。

何が問題なのかをはっきりさせるためにものごとを整理して考え、状況を好転させるためにはどうすればよいかを分析することが必要です。ただし、ストレスになるほど苦しいのは、どうしたら状況が好転するかがわからなかったり、根本的な解決策はわかっていても、それが現実に難しいからです。業績を上げれば何も文句はないだろうとわかっていても、それは難しいということもあります。上司がこちらに好意的になれば解決だと思っても、そんなことは不可能だったりします。

そこで、状況を好転させるための手段の中から、現実的に可能と思われるものを拾い出していくことが大切です。できることとできないことをハッキリさせていくのです。そして、現実的に可能なことのうち、最も効果的なことにこだわらずに、最も容易にできることからやるという方針を立てておけば、行動に移すのが

スムーズになります。ハードルを低くするのが行動力を高めるコツです。

20点以上の人は、自力型課題解決志向のストレス・マネジメント力が身についているといえます。反対に、10点以下の人は、自力型課題解決志向のストレス・マネジメント力が身についていないということになります。いくら情動志向のストレス・マネジメントができていても、気分転換したり逃げたりしているだけでは、いつまでたっても苦しい状況は変わりません。

とくに点数の低い人は、逃げてばかりいないで、現実と向き合う姿勢をもつように心がけましょう。気持ちを落ち着かせながら、現実の状況をしっかり見定めて、状況を少しでも好転させるような方法を冷静に検討していくことが不可欠です。

④ アドバイス要請型課題解決志向

人に相談したり他人の事例を参照したりすることで解決策のヒントを得て、現実的な解決策や打開策を冷静に検討しようとするストレス・マネジメント法です。

ストレス源となっている問題状況そのものを何とか変えていこうとする能動的なストレス・マネジメント法のひとつといえます。

問題点を整理し、状況を好転させるためにはどうすればよいかを分析することが必要だとわかっていても、自分のこととなると状況を冷静に見ることができないということになりがちです。そこで重要なのが、客観的視点を取り入れたり、他の人たちの事例を参考にしたりすることです。

人と話していると、自分とは違った視点が登場するため、自分だけで考えるときと比べて、ものごとをいろいろな側面から検討

することができます。自分ひとりで考えているときは、どうにもならないと思われた状況が、人と話しているうちに何とかなりそうに思えてくるということがあります。自分ではこうするしかないと思っていたことが、人と話しているうちにそれは不可能だとわかったり、他の選択肢が思い浮かぶというケースもあります。

かつて自分と同じような状況に置かれた人が、どのように状況を打開していったのかといった情報は、今後の対処法を考える際の参考になります。身近な人自身のケースや知人のケースを話してもらうことも、もちろん参考になりますが、身近な人物だけでは適切な事例が見つからないということもあります。それを補うには、本や雑誌、インターネットなどを駆使して自分に似た事例を検索してみるという方法があります。

20点以上の人は、アドバイス要請型課題解決志向のストレス・マネジメント力が身についているといえます。反対に、10点以下の人は、アドバイス要請型課題解決志向のストレス・マネジメント力が身についていないということになります。

いくら情動志向のストレス・マネジメントができていても、気分転換したり逃げたりしているだけでは、いつまでたっても苦しい状況は変わりません。気持ちを落ち着かせながら、現実の状況をしっかり見定めて、状況を少しでも好転させるような方法を冷静に検討していくことが不可欠です。

ひとりだけで考えていても視野が狭くて最適の解決策に至らないこともあるので、とくに点数の低い人は、信頼できる身近な人に相談したり、自分と似た境遇を克服した人の事例を参考にするという方法も試すようにしましょう。

⑤ 肯定的意味づけ模索型

ストレスとなっているネガティブなできごとや状況の中に潜むポジティブな意味を探し出そうとするストレス・マネジメント法です。

苦境に落ち至り、思い通りにならないことがあったりするのが人生です。そうしたネガティブなことがあるたびに落ち込んでいたら、前向き人生など手に入りません。大切なのは、どんな経験も人生の糧となるはずと信じて、イヤなできごとや苦しい状況からも何かを学ぼうとすることです。

苦境に負けずに前向きに状況を切り開いていくタフな心の秘訣は、どんなものごとにもポジティブな意味づけをする力です。失敗は成功のもとといわれるように、失敗経験は今後の失敗の選択肢をひとつ減らしてくれるので、成功確率が高まります。どうあがいても思い通りにならない状況を経験することで、精神的に鍛えられます。苦労した人のほうが逆境に強いといわれますが、苦労する分、今後苦しい状況に置かれても耐える力があると考えられます。困難にぶつかっているときは、自分が鍛えられているときなのです。これだけイヤなことがあったのだから、つぎは良いことがあるだろうと楽観することも、気持ちをや行動を前向きにしてくれます。

20点以上の人は、肯定的意味づけ模索型のストレス・マネジメント力が身についているといえます。反対に、10点以下の人は、肯定的意味づけ模索型のストレス・マネジメント力が身についていないということになります。

ストレスとなるできごとを多く経験したり、苦しい状況に追い

込まれた人が、必ずしも重度のストレス症状を示すわけではありません。なぜなら、できごとそのものより、できごとに対する認知、つまりそのできごとをどう受け止めるかがストレス症状の程度を決める要因になるからです。とくに点数の低い人は、ネガティブなできごとや状況からも必ず何か学ぶことがあるはず、自分が鍛えられたり、人の温かな気持ちに触れるなど、何かきっと自分にとってよいことがあるはずという視点に立って、ネガティブなものごとに潜む肯定的な意味を読み取る姿勢を身につけるようにしましょう。

⑥ 非コーピング

これは、①〜⑤のストレス・マネジメントがうまくできていない場合の心理状態をさします。点数が10点以下の人はストレスを溜め込みにくく、ストレス症状が出にくいタイプといえます。20点以上の人は、ストレスを溜め込みやすく、ストレス症状が出やすいといえます。①〜⑤のストレス・マネジメント法を参考にして、ストレス・マネジメント力を少しずつでも身につけるようにしましょう。

CHAPTER 15

CISであなたの キャリア・アイデンティティ をチェックする

キャリア意識の成熟度が
就活・転職、キャリアアップの成否を分ける

CHAPTER 15 CISであなたのキャリア・アイデンティティをチェックする

キャリア形成を組織任せにできない時代

　経済活動のグローバル化の波にさらされて、日本の雇用環境も急激に変化しつつあります。企業の生き残りのためのリストラが当然のように行われるようになり、めまぐるしく変動する経済環境やライフスタイルに対応すべく新たな業態をめざした起業も盛んになりました。転職も珍しいことではなくなりました。こうして、かつてのように終身雇用を前提としたキャリアプランを思い描くことは、ほとんど不可能となりました。

　このような時代には、自分のキャリアプランを職場任せにしておくことはできません。組織の側が個々の従業員の生涯にわたるキャリア形成のプランを策定し、その実現に向けて職務経験や研修を通して個人をサポートしていく。そのようなことは、もはや期待できません。組織の側にしても、いついなくなるかわからない従業員のためにキャリア形成のサポートをすることはできません。個人の側からしても、職場任せにしていて突然放り出されたら、路頭に迷ってしまうので、自分なりのキャリア展望を組織とは切り離した形でもっておく必要があります。

キャリアデザインを自覚的に行う時代

　このような流れの中で、キャリアデザインの必要性が唱えられるようになったのです。自分のキャリア形成を自覚せずに、組織任せにしていてはいけない。自分のキャリアは自分で自律的かつ能動的にデザインしていく時代になったのだというわけです。

いきなり自分のキャリアをデザインするように、などと言われても、これまでの日本ではほとんどの人がそんなことには無自覚に過ごしてきたので、困惑してしまうでしょう。慌てずに、まずはじっくり自分自身を見つめて、自分の強みや弱みを具体的に把握し、自分の価値観や適性を知り、自分がしたいことと自分にできることをつなげていくことが必要です。本書は、そのための材料を掘り起こすためのものです。1章から14章までの心理テストに取り組み、その診断結果や解説を参考に自分自身を振り返ることで、自分にフィットしたキャリアデザインをするためのヒントがたくさん得られるはずです。

　組織任せにはできない、自分でキャリアデザインをしなければいけない時代になったのだということを、まずはしっかりと自覚してください。

　それでは、筆者が提唱したキャリア・アイデンティティ・ステイタス（CIS）のテストをもとに、あなたのキャリア・アイデンティティの現状をとらえてみましょう。

CHAPTER 15 CISであなたのキャリア・アイデンティティをチェックする

キャリア・アイデンティティ・ステイタス（CIS）テスト

以下の各項目について、自分にあてはまる程度を1〜5の数字で答えてください。数字は項目番号の前の（　）の中に記入しましょう。基準はつぎのとおりです。

1………あてはまらない
2………あまりあてはまらない
3………どちらともいえない
4………ややあてはまる
5………あてはまる

（　）① 生涯をかけてこんなキャリアを追求したいというビジョンがある
（　）② やりたいことがいろいろあって、目標とするキャリアが定まらない
（　）③ こんな働き方がしたいという理想のキャリアイメージが思い浮かばない
（　）④ あの人のようなキャリアを自分も生きたいという人物がいる
（　）⑤ やりたいことが漠然としていて、めざすキャリアがはっきりしない
（　）⑥ 自分の能力や性格に適したキャリアを具体的にイメージできる
（　）⑦ やりたいこととできることがつながらないため、キャリアデザインが難しい

(　　)⑧ 自分に何ができるのかがよくわからないので、追求すべきキャリアをなかなか具体化できない

(　　)⑨ 目標とするキャリアを実現するために力をつける努力をしている
(　　)⑩ 思い描く理想のキャリアをめざして、知識やスキルの獲得に励んでいる
(　　)⑪ 目標とするキャリアに必要な能力がはっきりしない
(　　)⑫ 将来理想のキャリアを手に入れるためには、今は地道に努力するときだと思う

(　　)⑬ 今の仕事は自分が求めるキャリアにつながる気がしないため、熱心になれない
(　　)⑭ 就きたい職業に就けたから納得して仕事をしている
(　　)⑮ 自分に適したキャリアを歩んでいるように思う
(　　)⑯ 望む職業に就けなかったから、あまりやる気になれない

(　　)⑰ 自分に適したキャリアのイメージをはっきりさせようと、自分としっかり向き合っている
(　　)⑱ キャリアデザインに役立つ情報収集を積極的に行っている
(　　)⑲ 自分にピッタリのキャリアなど見つかる気がしない
(　　)⑳ 自分が納得できるキャリアを早く見つけたいと思う

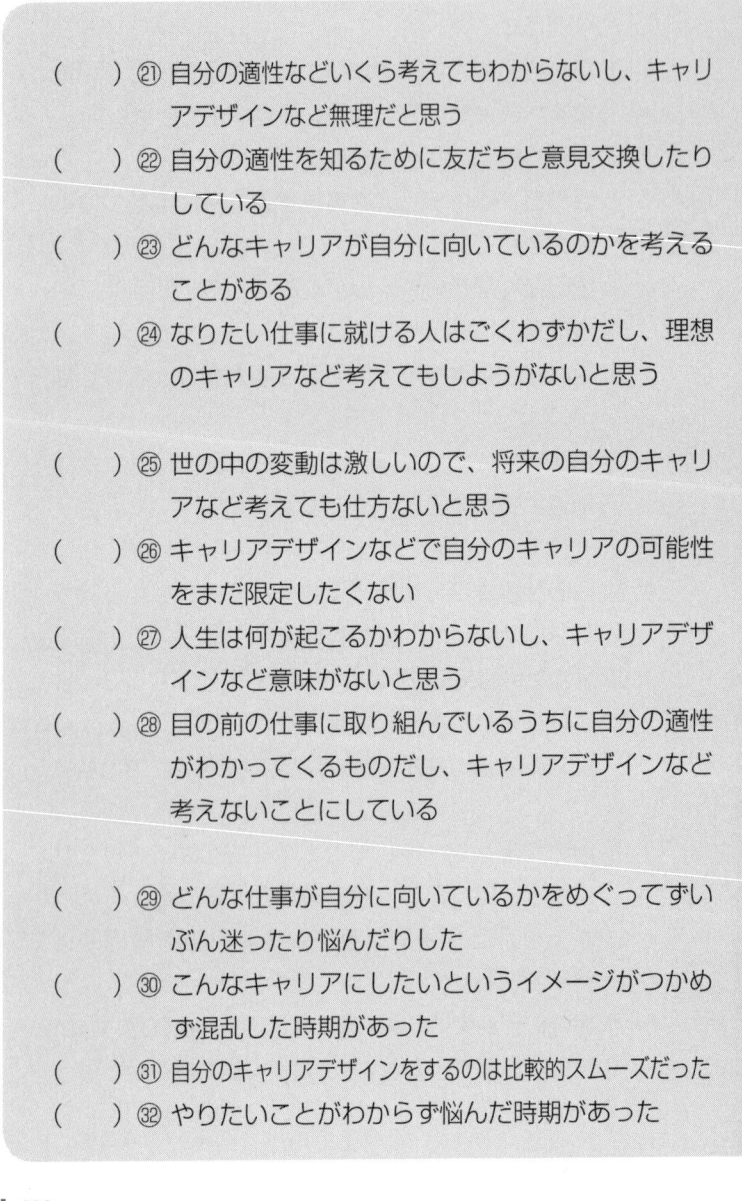

CHAPTER 15 CISであなたのキャリア・アイデンティティをチェックする

- ( ) ㉑ 自分の適性などいくら考えてもわからないし、キャリアデザインなど無理だと思う
- ( ) ㉒ 自分の適性を知るために友だちと意見交換したりしている
- ( ) ㉓ どんなキャリアが自分に向いているのかを考えることがある
- ( ) ㉔ なりたい仕事に就ける人はごくわずかだし、理想のキャリアなど考えてもしようがないと思う

- ( ) ㉕ 世の中の変動は激しいので、将来の自分のキャリアなど考えても仕方ないと思う
- ( ) ㉖ キャリアデザインなどで自分のキャリアの可能性をまだ限定したくない
- ( ) ㉗ 人生は何が起こるかわからないし、キャリアデザインなど意味がないと思う
- ( ) ㉘ 目の前の仕事に取り組んでいるうちに自分の適性がわかってくるものだし、キャリアデザインなど考えないことにしている

- ( ) ㉙ どんな仕事が自分に向いているかをめぐってずいぶん迷ったり悩んだりした
- ( ) ㉚ こんなキャリアにしたいというイメージがつかめず混乱した時期があった
- ( ) ㉛ 自分のキャリアデザインをするのは比較的スムーズだった
- ( ) ㉜ やりたいことがわからず悩んだ時期があった

( ) ㉝ 就きたい職業はいつの間にか決まっていた
( ) ㉞ 人生において自分は何に価値を置くべきかについて深く考えた時期があった
( ) ㉟ 親の期待に応える形で就きたい職業はほぼ自動的に決まった
( ) ㊱ 自分らしいキャリアってどんな感じだろうと思い悩んだことがある

CHAPTER 15 CISであなたのキャリア・アイデンティティをチェックする

採点表

回答＼設問	①	②	③	④	⑤	⑥	⑦	⑧
1	1	5	5	1	5	1	5	5
2	2	4	4	2	4	2	4	4
3	3	3	3	3	3	3	3	3
4	4	2	2	4	2	4	2	2
5	5	1	1	5	1	5	1	1

回答＼設問	⑨	⑩	⑪	⑫
1	1	1	5	1
2	2	2	4	2
3	3	3	3	3
4	4	4	2	4
5	5	5	1	5

回答＼設問	⑬	⑭	⑮	⑯
1	5	1	1	5
2	4	2	2	4
3	3	3	3	3
4	2	4	4	2
5	1	5	5	1

設問 回答	⑰	⑱	⑲	⑳	㉑	㉒	㉓	㉔
1	1	1	5	1	5	1	1	5
2	2	2	4	2	4	2	2	4
3	3	3	3	3	3	3	3	3
4	4	4	2	4	2	4	4	2
5	5	5	1	5	1	5	5	1

設問 回答	㉕	㉖	㉗	㉘
1	5	5	5	5
2	4	4	4	4
3	3	3	3	3
4	2	2	2	2
5	1	1	1	1

設問 回答	㉙	㉚	㉛	㉜	㉝	㉞	㉟	㊱
1	1	1	5	1	5	1	5	1
2	2	2	4	2	4	2	4	2
3	3	3	3	3	3	3	3	3
4	4	4	2	4	2	4	2	4
5	5	5	1	5	1	5	1	5

CHAPTER 15 CISであなたのキャリア・アイデンティティをチェックする

採点表

つぎの式に当てはめて、あなたのキャリア・アイデンティティ・ステイタス得点を計算しましょう。

①〜⑧の合計 = [　　　] ……キャリアイメージ獲得得点
〔40点満点〕

⑨〜⑫の合計 = [　　　] ……キャリア獲得行動得点
〔20点満点〕

⑬〜⑯の合計 = [　　　] ……現在のキャリアへの自己投入得点 〔20点満点〕

⑰〜㉔の合計 = [　　　] ……積極的探索得点
〔40点満点〕

㉕〜㉘の合計 = [　　　] ……探索棚上げ得点
〔20点満点〕

㉙〜㊱の合計 = [　　　] ……危機の経験得点
〔40点満点〕

> キャリア意識の成熟度が
> 就活・転職、キャリアアップの成否を分ける

診 断

キャリア・アイデンティティ・ステイタスのタイプ分け

「キャリアイメージ獲得」得点が32点以上で、
「キャリア獲得行動」得点が16点以上の場合

- さらに「危機の経験」得点が32点以上なら

  → (キャリア・アイデンティティ達成タイプ)

  達成型も2つのタイプに分かれる

  ・「現在のキャリアへの自己投入」得点が

    16点以上 ―――→ (現状満足サブタイプ)

    16点未満 ―――→ (転職予備軍サブタイプ)

- 「危機の経験」得点が32点未満なら

  → (早期完了タイプ)

「キャリアイメージ獲得」得点が32点未満か、
「キャリア獲得行動得点」が16点未満の場合
(両方とも基準未満の場合も含む)

- さらに積極的探索得点が32点以上なら

  → (モラトリアムタイプ)

- 積極的探索得点が32点未満なら

  → (キャリア・アイデンティティ拡散タイプ)

  ・探索棚上げ得点が

    16点以上 ―――→ (見極めサブタイプ)

    16点未満 ―――→ (思考停止サブタイプ)

CHAPTER 15 CISであなたのキャリア・アイデンティティをチェックする

キャリア・アイデンティティを意識する

　キャリアデザインを自覚的に行う時代だといわれ、そのことを強調する論調がそこかしこに見られます。キャリアデザインのためのハウツーものも多数出回っています。就活中の学生も、キャリアアップをめざすビジネスパーソンも、自分のキャリアデザインを意識し、自分と向き合うようになってきました。

　そうした空気の中、何か違和感や戸惑いを感じる人たちも少なくありません。なぜかといえば、いくら自分や理想に思うキャリアデザインをしたところで、現実にそれを実現できかどうかわからないということがあります。理想ばかりにこだわっていてもしようがない、現実性を考慮した予想ラインでデザインしてみようと思ったところで、この変動の激しい社会で先を読むのはほとんど不可能です。

　そこで必要になるのが、自分のキャリアを絶えず修正していく柔軟な姿勢です。私たちはみなプロセスを生きているのだということを前提にして、自分のキャリア形成の道を開いておくのです。ここで浮上してくるのが、キャリア・アイデンティティの問題です。

アイデンティティ・ステイタス

　マーシアは、エリクソンのアイデンティティ理論をもとに、個人のアイデンティティ確立への取り組みの姿勢をつかむためのものとして、アイデンティティ・ステイタスという考え方を提起し

ました。

マーシアは、アイデンティティ・ステイタスをつぎの4つに類型化しました。
①アイデンティティ達成型
②モラトリアム型
③早期完了型
④アイデンティティ拡散型

キャリア・アイデンティティ・ステイタス

筆者は、このマーシアの類型化を参考に、キャリア・アイデンティティ・ステイタスという概念を提唱し、以下の4つに類型化しました。

前ページの診断は、この4類型を用いています。ただし、キャリア・アイデンティティ達成タイプをさらに「現状満足タイプ」と「転職予備軍タイプ」に区別し、キャリア・アイデンティティ拡散タイプをさらに「見極めタイプ」と「思考停止タイプ」に区別しています。

筆者が㈱リクルートのR-CAP用に開発したCIS(キャリア・アイデンティティ・ステイタス)尺度では、4つをそれぞれ以下のように命名しました。

①**アチーブド (achieved)**（→キャリア・アイデンティティ達成タイプ）
さまざまな経験を経て迷い考えた末に、自分らしいと思える働き方を決めている。あるいは、その実現に向けて努力しようとしている。

CHAPTER 15 CISであなたのキャリア・アイデンティティをチェックする

② **シーキング (seeking)**（→モラトリアムタイプ）

自分らしい職業・職業領域、あるいは働き方を見つけようと、現在は積極的に探求することに努めている。

③ **ストレート (straight)**（→早期完了タイプ）

「子どもの頃からなりたいと思っていた」など、いつのまにかあまり迷うことなく、具体的になりたい職業が決まっていた。

④ **オープン (open)**（→キャリア・アイデンティティ拡散タイプ）

将来の職業的展望については未だ漠然としており、具体的イメージをもっていない。現状では、目標となる働き方を意欲的に探すつもりはない。

就活やキャリア研修でR－CAPのCISを受けたことのある読者は、こちらの類型に馴染みがあるでしょうが、本書では、より一般的な命名として、以下の4タイプに分けています。

キャリア・アイデンティティ・ステイタスの4タイプ

① キャリア・アイデンティティ達成タイプ

何になりたいかあれこれと悩みながら、さまざまな経験を重ねた末に、こんな風に働きたいという自分なりのキャリア展望をもつことができたというタイプです。将来展望が明確になったことにより、迷いは払拭できました。今はそのキャリアの実現に向けて、できるだけがんばりたいと思っています。

自分の望むキャリアイメージが明確になっているタイプですが、現在就いている仕事がそれにつながっているかどうかで、現

状満足タイプと転職予備軍タイプにさらに分かれます。自分の望むキャリアへの軌道に乗っていると感じ、現在の仕事に満足しているのが、前者の現状満足タイプです。自分の望むキャリアイメージははっきりもっているのですが、今就いている仕事がそれにつながっていると感じられない場合が、後者の転職予備軍タイプです。

② モラトリアムタイプ

何になりたいかがまだつかめず、こんな風に働きたいというキャリア展望をはっきりもてるように積極的に模索をしているタイプです。目標が定まらないことによる不安や焦りはあるものの、安易な妥協はせずに自分なりに納得のいくキャリア展望を描くために、情報収集や自己探求を熱心に行っています。

③ 早期完了タイプ

キャリア展望をめぐってとくに悩んだことはなく、なりたいものはいつの間にか決まっていたというタイプです。それは考えてみれば親などの期待にそったものではあっても、とくに不満はなく、自分としてもそれが最良の選択だと思っているので、今さら迷うこともありません。

④ キャリア・アイデンティティ拡散タイプ

とくに何になりたいとかいうのはなく、こんな風に働きたいという具体的なキャリア展望もなく、またそれらを積極的に模索しようともしないタイプです。とりあえずそのときどきにやりたいことをやっていればよいといったスタンスです。将来展望が描け

CHAPTER 15 CISであなたのキャリア・アイデンティティをチェックする

ないことによる不安はもちろんありますが、キャリア展望をもちたいとも今のところは思っていないし、あまり考えないようにしています。

　自分が望むキャリアイメージをもたず、またそれをはっきりさせたいとも思っていないタイプですが、自分にとって望ましいキャリアの探索を放棄している理由によって、見極めタイプと思考停止タイプにさらに分かれます。世の中の変動も激しいし、自分の可能性を狭めたくないので、当面は自由に漂っていたいというのが見極めタイプです。従来このタイプは拡散タイプとして好ましいあり方ではないとみなされがちでした。しかし、現代のように日進月歩の技術革新によって経済構造も人々のライフスタイルも目まぐるしく移り変わっていく時代には、このように自分の可能性を閉ざさないように決定を先延ばしにして、取りあえず目の前の仕事に没頭しながら流れに任せてみるというのも、適応的といってもよいのではないかと考えられます。

　そのような建設的理由からではなく、何も深く考えることなくただ漫然と過ごしていたり、何をどう考えたらよいのかわからずに混乱しているのが思考停止タイプです。

あとがき

　自己分析・心理テストを終えたら、改めて「はじめに」を読み返してみてください。学生であれば就活のために自己分析が必須なのはもちろんのこと、すでに働いている方であってもキャリア形成において自己分析は欠かせなものです。

　最近は、自分がわからないという若い世代が増えてきました。継ぐべき家業もなく、職業も多様化し、何にでもなれる可能性のある自由な時代だからこそ、何になろうか迷うということなのでしょう。自己分析＆心理テストは、自分を知るための鏡を提供するものです。鏡をみることではじめて自分の姿に気づくのと同じように、自己分析＆心理テストに映し出された傾向によって自分自身の心理的特徴に気づくことができるのです。

　本書では15の側面から自己分析＆心理テストを行ってきましたが、自分自身について何らかの気づきが得られたでしょうか。自己分析テストの診断結果に一喜一憂するのではなく、解説も参考にしながら自分自身を見つめ直し、自分の強みのさらなる活かし方や、自分の弱みをカバーする方法について考えてほしいと思います。そして、学生であればエントリーシートや面接での自分のアピールポイントを整理し、キャリアアップを考えている人は、自分の価値観や性格を活かしたキャリア形成の方向を見定めてみてください。

　自分の適職探しをしている人や就活に不安を感じている人、組織内でのキャリアアップを考えている人に、何らかのヒントをつかんでいただければと切に願っています。

　最後に、本書をまとめるにあたってお世話になった産業能率大学出版部編集部坂本清隆氏に感謝の意を表します。

2011年　9月
榎本博明

参 考 文 献

アドラー，A.（高尾利数訳）『人生の意味の心理学』（春秋社　1984）

バンデューラ，A.（本明寛・野口京子監訳）『激動社会の中の自己効力』（金子書房　1997）

ドラッカー，P. F.（上田惇生訳）『マネジメント　エッセンシャル版 – 基本と原則』（ダイヤモンド社　2001）

ドラッカー，P. F.とマチャレロ，J. A.（上田惇生訳）『プロフェッショナルの原点』（ダイヤモンド社　2008）

榎本博明『心理学者に学ぶ　気持ちを伝え合う技術』（創元社　2010）

榎本博明『ビジネス教養としての心理学入門』（日本経済新聞出版社　2011）

榎本博明『＜ほんとうの自分＞のつくり方 – 自己物語の心理学』（講談社現代新書　2002）

榎本博明『性格の見分け方』（創元社　1996）

榎本博明『自己開示の心理学的研究』（北大路書房　1887）

エリクソン・E．H．（小此木啓吾訳編）『自我同一性』（誠信書房　1973）

エリクソン・E．H．（仁科弥生訳）『幼児期と社会1・2』（みすず書房　1977・1980）

フランクル,V.E.（大沢博訳）『意味への意志』（ブレーン出版　1979）

フリードマン,M.とローゼンマン，R. H.（新里里春訳）『タイプA性格と心臓病』（創元社　1993）

ゴールマン，D．（土屋京子訳）『ＥＱ－こころの知能指数』（講談社　1996）

平木典子『アサーショントレーニング－さわやかな「自己表現」のために』（日本・精神技術研究所　1993）

小杉礼子『フリーターという生き方』（勁草書房　2003）

レビンソン，D. J.（南博訳）『ライフサイクルの心理学（上）（下）』（講談社学術文庫　1992）

リフトン,R. J.（外林大作訳）『誰が生き残るか－プロテウス的人間』（誠信書房　1971）

マズロー，A. H.（小口忠彦監訳）『人間性の心理学』（産業能率大学出版部　1971）

小此木啓吾『モラトリアム人間の時代』（中央公論社　1978）

ロジャーズ，C. R.（村山正治編訳）『ロジャーズ全集12　人間論』（岩崎学術出版社　1967）

セリエ，H.（杉靖三郎他訳）『現代社会とストレス』（法政大学出版局　1988）

セリグマン，E. P.（山村宜子訳）『オプティミストはなぜ成功するか』（講談社文庫　1994）

シャイン，E. H.（二村敏子・三善勝代訳）『キャリア・ダイナミクス』（白桃書房　1991）

シャイン，E. H.（金井とし宏訳）『キャリア・アンカー－自分のほんとうの価値を発見しよう』（白桃書房　2003）

シュプランガー，E.（伊勢田耀子訳）『文化と性格の諸類型　1・2』（明治図書出版　1961）

著者略歴

榎本　博明（えのもと　ひろあき）
1955年生まれ。東京大学教育心理学科卒業。
東芝市場調査課勤務の後、東京都立大学大学院心理学専攻に学び、大阪大学大学院助教授、名城大学大学院教授などを経て、現在、MP人間科学研究所代表、産業能率大学総合研究所兼任講師。心理学博士。メンタルマネジメントをベースとした研修・講演を行っている。新たな心理学領域「自己心理学」の提唱者として、ビジネス心理学を展開中。「自分とは何か」に悩む人々に広く支持される心理学の論客。
著書に『「自己」の心理学』（サイエンス社）・『＜私＞の心理学的探求』（有斐閣）・『自己心理学（全6巻）』（金子書房）・『＜ほんとうの自分＞のつくり方』（講談社現代新書）・『つらい記憶がなくなる日』（主婦の友新書）・『ビジネス教養としての心理学入門』（日本経済新聞出版社）・『記憶の整理術』（PHP研究所）・『「上から目線」の構造』（日本経済新聞出版社）など多数がある。

MP人間科学研究所　連絡先：mphuman@ae.auone-net.jp

モヤモヤした自分を解消
自己分析＆心理テスト　〈検印廃止〉

著　者	榎本　博明
発行者	田中　秀章
発行所	産業能率大学出版部
	東京都世田谷区等々力6-39-15　〒158-8630
	（電話）03（6266）2400
	（FAX）03（3211）1400
	（振替口座）00100-2-112912

2011年10月27日　初版1刷発行

印刷所　日経印刷　製本所　日経印刷
（落丁・乱丁はお取り替えいたします）　ISBN 978-4-382-05655-8
無断転載禁止